분이

김아가다 수필집 2023

우리시대의 수필작가선 094

분이

김아가다 수필집

수필세계사

작가의 말

첫 수필집에서 어리버리한 내 인생을 벌거숭이로 세상에 내보내고 후회와 자책도 하면서 끙끙거렸는데 또 두번째 수필집을 발간하게 되었습니다. 글쓰기는 중독성이 있는 것 같습니다. 어떤 사물을 만나 부닥치면 속에서 팥죽이 끓습니다. 끓이고 뜸 들이면서 간을 맞춰봅니다. 싱거울까, 짭짤할까? 설익은 냄새가 나지 않기를 바라면서 수라상 차리듯 정성들여 독자들에게 바칩니다.

요즘은 세상 모든 것이 아름답게 느껴집니다. 소중한 것 아닌 것이 없고, 귀하고 값진 것이 많습니다. 사물뿐만 아니라 사람은 더더욱 아름답습니다. 늙은이나 젊은이나 어린아이나, 살아있는 생명들이 이렇도록 소중하게 여겨질까요? 저는 행복해서 늘 웃습니다. 이번 수필집 '분이'로 인해 행복지수가 높아졌으니까요. 저를 아껴주시는 모든 분이 책 속에서 함께 웃고, 고개를 끄덕이며 즐기기를 바랍니다.

경산 선비길에서
김 아가다

차례

제1부

자리이동

013 　자리이동
017 　마두금 소리
021 　게놈 프로젝트
025 　늑대
030 　홀로 아리랑
034 　황혼의 블루스
039 　게이샤와 그 남자
044 　청개구리의 노래
048 　진주농장
051 　사추기
055 　거북이
059 　이럴수가

제2부

분이

분이	065
송내골의 봄	095
11분	099
우리는 이방인	103
쇼당	108
무와 남자	112
변신은 무죄	115
팔랑귀	119
GOD FIRST	123
금호피리	126
영무	130

제3부

벚꽃엔딩

137 벚꽃엔딩
141 파초
145 절도죄
148 잘왔다 내 새끼
153 천천히, 연습중
156 돌탑
160 카카오페이
164 그때 그 사람
168 타투 동호인
172 씨앗, 그 본능
176 우리의 것

제4부

달로 간 남자

달로 간 남자　181
엄마 손이 내 손　185
살롱과 커피하우스　189
어처구니　193
목욕은 트임이다　196
다 잘될 거야, 힘내!　199
회관　202
랜선시대　206
낚시터에서　210
둘 다 옳다　213
몽夢　217

제1부

자리이동

죽었다고 슬피 울 일도 아니며 가슴에 묻어두고
아파할 일도 아니다. 산 자의 땅과 죽은 자의 집이
공존하는 현장에 들어와 보니 사람이 사는 곳일 뿐이다.
죽은 자를 떠나보내며 요단강 건너가 만나자고 하지 않던가.
육신의 껍데기는 비록 한 줌의 흙으로 돌아가지만,
소멸이 아니라 생성이며 영원한 생명을 얻는다는 진리를 우리는 믿고 위안을 받는다.

- 자리이동
- 마두금 소리
- 게놈 프로젝트
- 늑대
- 홀로아리랑
- 황혼의 블루스
- 게이샤와 그 남자
- 청개구리의 노래
- 진주농장
- 사춘기
- 거북이
- 이럴수가

자리이동

　친구네 집에 주말을 보내려고 왔다. 호숫가 언덕에 초록빛 융단이 깔린 아름다운 전원주택이다. 탐스러운 복숭아가 주렁주렁 달린 과수원 옆 조붓한 길을 걷다가 깜짝 놀라 걸음을 멈춘다. 머리가 쭈뼛하면서 흥얼거리던 노랫소리가 쑥 들어가고 딸꾹질이 난다.
　길섶에 봉두난발을 한 무덤이 친구네 담장 하나를 두고 붙어 있다. 산자의 집 옆에 죽은 자의 무덤이라니. 잔디 한 포기 없는 맨땅, 봉분에는 이름을 알 수 없는 기다란 풀이 원형탈모에 걸린 듯 듬성듬성하다. 뜻밖에도 무덤 옆에는 언제쯤 심었는지 향나무 한 그루가 허수아비처럼 망자의 집을 지키고 있다. 자손들이 일 년에 한 번 찾아오는 무덤은 마치 칼을 휘두르는 희광이의 모습 같아 오싹하다.

　망자의 집을 돌보는 후손의 나이가 구십쯤 된다는데 무덤 주인은 아무래도 한 세기 전의 사람인 듯하다. 그런데도 수문장 역할을 하는 무덤이 집 앞에 있어서 든든하다는 친구의 말에 고개가 갸우뚱해진다. 그런데 더 놀라운 것은 나며들며 문안을 드린다고 한다. 아침에는 담장 밖을 내다보며 "안녕히 주무셨어요?", 외출에서 돌아오면 "잘 다녀왔습니다." 지하의 이웃과 늘 인사를 하면서 산단다.

　앞집 대문 옆에도 무덤이 있다. 이 무덤은 잘 정돈되어 아담하다. 도래솔 대신 키 낮은 상록수가 병풍처럼 둘러싸고 있다. 마치 소풍을 온 듯이 자손들이 잔디를 돌보고 묘석 앞에 자리를 깔고 앉아 노래도 부르며 놀다 간단다. 산 자나 죽은 자나 자식들이 자주 찾아오는 집은 훈기가 돈다는 말이 여실히 증명된다.

　친구가 이 동네에 둥지를 마련한 지 칠 년이다. 하필이면 무덤 옆에 집을 짓고 살까? 교수촌이 만들어지기 전부터 있던 무덤들이라 개의치 않는다고 한다. 나이 든 사람들이 모여 사는 곳이라 죽음이 항상 가까이 있다고 생각하는지 전혀 이질감을 느끼지 않는 모양이다. 어두운 밤에 낯선 사람이 동네에 어슬렁거리면 덜컥 겁이 나지만 죽은 사람은 무섭지 않다고 한다.

　사람은 동서양을 막론하고 죽음이라는 단어를 싫어한다. '돌아갔다', '떠났다'고 에둘러 말한다. 하지만 종교인들은 사후세계를 확신한다. 불교는 극락과 환생을, 기독교는 영생을 믿는다. 요즘 서구에서는 죽음(Death)을 자리이동(Transition)이라고 표현하는 것이 대세라고 한다. 죽음은 좌절과 공포이지만 끝이 아니라 새로운 시작이며, 다만 '자리이동'일 뿐이라는 말에 공감한다.

죽었다고 슬피 울 일도 아니며, 가슴에 묻어두고 아파할 일도 아니다. 산 자의 땅과 죽은 자의 집이 공존하는 현장에 들어와 보니 사람이 사는 곳일 뿐이다. 죽은 자를 떠나보내며 요단강 건너가 만나자고 하지 않던가. 육신의 껍데기는 비록 한 줌의 흙으로 돌아가지만, 소멸이 아니라 생성이며, 영원한 생명을 얻는다는 진리를 우리는 믿고 위안을 받는다.

무덤 때문에 매일의 삶이 묵상거리라는 친구에게 교수촌이 아니고 도인촌이라 부르면 어떨까 하고 너스레를 떤다. 앞집에 사는 이 교수도 유방암을 앓다가 저세상으로 갔다. 삼 개월이라는 시한부 선고를 받았으나 무덤 속 주인과 이웃사촌 하면서 다섯 해를 더 살다가 자리이동을 했다. 친구는 그리도 살갑게 지냈던 선배를 떠나보낸 슬픔을, 새로운 세상에 먼저 가서 기다린다고 예사롭게 말한다.

정원에 자리를 깔고 하늘을 올려다본다. 장미 넝쿨이 소담스러운 담장 너머에 죽은 자가 있고, 안쪽에 산 자가 있다. 묏자리 풍수를 제대로 보았는지 정 남향을 향한 저승의 그와 이승의 내가 담을 경계로 나란히 누웠다. 산다는 것은 무덤을 향해 한 발

자국씩 다가가는 것이라고 했다.
 지금 나는 죽은 자와 소통 중이다. 밤하늘에 별이 초롱초롱하다. 오늘따라 유달리 반짝이는 별무리를 바라보면서 그리운 이들을 불러본다.

마두금 소리

TV를 시청하다가 울컥하면서 가슴 밑바닥에서부터 아픔이 올라온다. 낙타의 눈망울에서 내 엄마를 보았기 때문이다.

낙타가 새끼를 낳으면서 극심한 산고를 겪는다. 짐승이나 사람이나 산통을 겪으며 새끼를 낳아야 하는 것은 신의 형벌인가. 어미는 진절머리가 났는지 새끼를 거부하고 돌아선다. 버려진 새끼가 "마~" 하면서 첫울음을 뱉어낸다.

사람들이 어미를 달래려고 마두금을 연주한다. 구슬픈 음색이 들리자 고개를 가로젓던 어미의 커다란 눈에서 방울방울 눈물이 떨어진다. 마두금의 흐느낌이 어미의 모성을 건드린 모양이다. 어미가 새끼에게 젖가슴을 내어 준다.

몽골에서 가축을 길들이기 위해 동물의 움직임을 리듬으로 만든 악기가 마두금이다. 마두금 소리는 말이나 낙타의 울음소리와 비슷하다고 한다. 가축뿐만 아니라 아픈 사람에게도 마두금을 연주해주면 마음이 편안해져서 평온을 찾게 된다고 한다.

엄마는 다섯 자식을 품고 살아야 했다. 반세기 전에는 건강보험제도가 없었다. 암에 걸리면 가산을 탕진하고 사람도 잃어야 했다. 아버지를 먼저 보낸 엄마는 살길이 막막했다. 험한 일을 해 보지 않은 엄마는 맥없이 늘어져 있었다. 딱한 소문을 듣고 이웃에 사는 생선 장수 아주머니가 찾아왔다.

엄마는 아주머니의 단골이었다. 그 집 아저씨가 병으로 죽고 우리 집에 생선을 팔러 와서 엄마와 알게 되었다. 아주머니가 올 때마다 엄마는 고등어나 갈치를 사주었다. 우리 집은 아버지가 운수업을 했기 때문에 사는 것이 풍족했다. 어떤 때는 아예 상자로 사서 외가와 삼촌 집으로 보낼 때도 있었다. 오징어가 싱싱해서 가져왔다고 하면 옆집 식구들까지 불러서 나누어 먹고, 못 팔고 남은 생선을 가져와도 떨이로 사주었다.

아주머니와 엄마가 손을 맞잡고 서럽게 울었다. 우리 엄마 신세가 그리될 줄 누가 알았을까. 첫째가 꼴찌 되고, 꼴찌가 첫째 된다는 말이 딱 들어맞았다. 고생이 되더라도 이를 악물고 살면 좋은 날 있을 것이라고 엄마가 아주머니에게 했던 말을 거꾸로, 아주머니가 엄마에게 했다. 아주머니는 엄마를 일으키며 자기를 따라다니며 생선을 팔아보라고 했다.

집에서 멀지 않은 곳에 수산시장이 있었다. 다음날 새벽에 아주머니를 따라가서 갈치를 한 상자 받아왔다. 서른여덟의 엄마는 앳되고 고왔다. 아주머니는 일복 바지를 입고 수건을 질끈 동여맸는데, 엄마는 예쁜 월남치마를 입었다. 어린 내가 보아도 아무것도 할 줄 모르는 엄마가 서글펐다. 한숨을 길게 내뿜고 용기를 낸 엄마는 아주머니를 따라 갈치를 팔러 나갔다. 자식이 다섯이나 오글거리고 있으니 억장이 무너지기도 했으리라.

학교 다녀와서 집 청소를 하고 엄마를 기다렸다. 해가 기울고 어둠이 짙어 오는데 엄마는 감감무소식이었다. 동생들이 배고프다고 칭얼거렸다. 밥을 해본 적 없었지만, 솥에다 쌀을 씻어 불에 올렸다. 대문 앞에서 엄마를 기다리다가 밥을 다 태웠다. 막냇동생이 울기 시작했다. 달도 별도 없는 칠흑 같은 밤이었는데 갑자기 나도 무서워지기 시작했다. 엄마까지 없으면 우리는 어떻게 살까. 가슴이 콩닥거렸다.

막냇동생 손을 잡고 엄마를 찾아 나섰다. 동네 입구까지 나가도 보이지 않았다. 길 건너편에 농사용 저수지인 커다란 쌍둥이 못이 있었다. 소름이 오싹 끼쳤다. 혹시 엄마가······. 엄마를 부르며 달렸다. 앙앙거리며 우는 동생을 둘러업고 뛰었다. 못둑에 서 있는 왕버들이 검은 그림자를 드리우며 바람에 흔들리고 있었다. 나무를 끌어안고 있는 실루엣이 눈에 들어왔다. 엄마였다. 소리를 지르면 물속으로 뛰어들까 봐 더럭 겁이 났다. 울음을 속으로 삼키면서 살금살금 다가갔다. 딸꾹질이 났다.

뒤에서 엄마를 부둥켜안았다. 아니, 붙들었다. 얼마나 울었는지 얼굴이 퉁퉁 부어서 우리 엄마가 아닌 것 같았다. 몇 시간을 못둑에 앉아서 무슨 생각을 했을까. 엄마는 "갈치 사이소."라는 소리가 목구멍에서 나오지 않았다고 했다. 우리 동네에서 팔면 누구라도 사주었을 텐데 남세스러워 남의 동네를 돌아다녔단다. 온종일 골목길 돌아다니다가 길을 잃고, 한 마리도 팔지 못한 갈치가 쿰쿰한 냄새를 풍기며 상해 있었다.

엄마가 목숨을 버리려 했던 사실을 나는 느낌으로 알았다. 벼랑 끝에 서 있는 것 같았는데 엄마를 부르는 소리가 가물가물 들려와서 정신을 차렸다고 했다. 하염없이 흐르는 눈물을 닦으며 어린 딸한테 잘못했다고 했다. 아무것도 할 수 없는 자신이 원망스럽고, 자식들 앞에 나타나기가 부끄러워 돌아오기 싫었을 것이다. 생선 장사는 그날로 끝났다. 멍에를 짊어진 엄마는 혹여 내 입에서 그 말이 나올까 봐 평생 노심초사하면서 살지 않았을까.

참 오랜 세월이 흘렀다. 차마 꺼내고 싶지 않아 묻어두었던 이야기가 마두금 연주를 들으면서 무장해제 되었다.

게놈 프로젝트

밤늦은 시간에 시누이에게서 전화가 왔다. 매일 입으로 줄줄 외우던 기도문이 도무지 생각나지 않는다면서 울먹거렸다. 나도 그럴 때가 흔히 있으니 걱정하지 말라고 우선 안심시켰다.

보름쯤 지나서 조카로부터 전화가 왔다. 뇌경색이란다. 심장에서 보낸 혈액이 뇌 쪽에서 잠시 정지되었다고 했다. 치매가 아니라는 판정을 받았다는 말에 가슴을 쓸어내렸다.

살 만큼 살았으니 세상에 미련 없다던 형님이 병원에 가서 정밀검사를 받았다는 소식을 듣고 은근히 나도 걱정이 되었다. 나 역시 살 만큼 살았다고 입으로는 그렇게 말하면서도 일 년에 한 번씩 건강검진을 꼭 받는다. 그런데 바이러스는 피하지 못했다. 다른 사람은 일주일쯤 앓았다는데 거의 두 달간 기침을 했다.

벚꽃이 팝콘처럼 팡팡 터지던 날이었다. 친구가 몸보신을 시켜준다면서 찾아왔다. 포천계곡에서 고로쇠 약수로 푹 삶은 토종닭 백숙을 먹었다. 금강산도 식후경이라 하지 않았던가. 배불리 먹고 난 다음 꽃 잔치에 눈호강을 했다. 부근의 유적지와 문화재를 둘러보면서 오랜만에 야외활동을 마음껏 즐겼다.

말을 많이 해서 그런지 시장기가 몰려왔다. 친구가 저녁을 먹자고 하는데 불과 세 시간 전에 먹은 점심이 생각나지 않았다. 뭘 먹었지? 머릿속이 하얗게 지워졌다고 해야 할까. 백지상태가 되었다. 친구들은 내가 장난으로 그러는 줄 알았다. 하물며 맞장구를 치면서 놀리기도 했다. 내가 심각하게 말하자 그때서야 낮에 백숙 먹은 것 기억나지 않느냐고 했다. 맛있게 먹고 고맙다는 말을 몇 번이나 했다는 것이다.

집에 돌아와서도 도무지 생각나지 않았다. 노트에다 적기 시작했다. "포천계곡 닭백숙을 먹다." 머리에 저장하기 위해서 하루의 일상을 적어 보았다. 오전에, 오후에 무엇을 했는지, 무슨 일이 있었는지 기억을 붙들기 위해서 꼼꼼하게 적기 시작했다. 시간이 흐르면 기록하는 일 자체도 잊어버릴 수 있겠지만, 기억 회로의 이탈을 막기 위한 나만의 처방이고 몸부림이라고 할까.

나는 평소에 망각이라는 단어는 참 좋은 것으로 생각했다. 알고 있고, 경험한 것을 다 기억하면 뇌가 전부 수용하지 못하니까 쓸데없는 것은 지워버려야 한다는 축이다. 그런데 막상 내게 닥친 그 일로 우울해졌다. 건망증과 치매는 개념 자체가 다르지 않은가. 친구들은 생각나지 않는 것을 고민한다면 정상이라고 했다. 치매에 걸리면 고민이 없다고까지 했다. 다음 날 병원에 갔더니 기억력 감퇴는 바이러스를 앓은 환자들의 일시적인 현상이라고 했다.

우리 몸에 고장 난 회로를 재생시켜줄 의학계의 획기적인 논문이 발표되었다. 현대 생물학에서 '게놈'을 중점적으로 연구하는 학문을 유전체학이라 하고 한 생명체의 유전자 전체를 파악하는 것을 '게놈 프로젝트'라 한다. 인간의 게놈을 해석하게 되면 의학, 약학, 생물학에 큰 도움이 될 것이라는 게 학계의 정설이다. 유전자를 검사하여 암이나 알츠하이머를 비롯한 희귀질환을 대비할 수 있는 시대가 온다고 하니 인간의 수명은 얼마나 길게 늘어날 것인가?

의학 기술의 발전과 혁신은 시누이의 기억회로 이탈을 현대의학으로 밝혀냈다. 뇌경색의 원인이 심부정맥으로 인한 발병이라고 밝혀진 것이 다행스러운 일이다. 대책은 현대의학과 한의학으로 통합 치료를 한단다. 예전 같았으면 치매나 중풍으로 생각하면서 병원에 갈 엄두도 내지 않았을 것이다.

미래 의학을 내다볼 수 있는 게놈 연구는 인류에게 희망을 준다고 한다. 무엇보다 기억회로를 재생시키는 연구가 빠르게 실행되면 좋겠다. 현대의학으로 혈관성 치매의 진행은 막고 있지만, 완치와 재생은 어렵다고 한다. 기억을 잃고 자신이 누구인지 정체성도 모를 병에 걸린다면 산목숨이 아니다. 세상 소풍 나와 고통 없이 살다가 마감했으면 하는 바람이다. 자식을 보고 "누구신지요?" 이렇게는 살고 싶지 않다.

늑대

숨을 거둔 수컷 옆에서 목을 빼고 울던 늑대가 바위틈에 몸을 기댄 채 서서히 죽어갔다. 늑대의 부부사랑은 지극하다고 한다. 늑대의 생태를 보여주는 다큐멘터리를 시청하다가 아득한 옛 일이 떠올라 회상에 잠긴다.

내 나이 스물넷이었다. 수영도 할 줄 모르면서 친구와 수영장에 갔다. 지금은 없어졌지만 대구스포츠센터이다. 시골에서 자란 친구는 개구리헤엄을 치면서 수영을 즐기고, 나는 풀에 설치된 지지대를 잡고 물장구를 쳤다. 한참 재미있게 놀다가 바깥으로 나오려는 순간, 내 몸이 공중으로 붕 떠올랐다. 비명을 지를 겨를도 없이 물속에 던져졌다. 죽는 줄 알고 발버둥치다가 바닥을 짚고 서니 가슴께까지였다. 겨우 숨을 쉬고 돌아보니 예닐곱의 남자들이 낄낄거리며 웃고 있었다.

내 눈에 십자가 목걸이를 한 남자가 훅 들어왔다. 어디서 그런 용기가 났는지 그를 향해 소리 질렀다.

"십자가를 목에 걸고 사람을 괴롭히면 되겠어요?"

놀라는 표정을 짓던 그가 둘러싼 남자들을 데리고 나갔다. 수영장에는 나쁜 남자들이 온다는 생각이 들었다. 옷을 갈아입고 허둥거리면서 출구 쪽으로 갔더니 가슴에 털이 수북한 남자들이 팔을 벌려 출입문을 막았다.

비켜달라고 해도 막무가내로 막으면서 모셔가야 한단다. 친구와 나는 남자들에게 손목을 잡혀서 비치파라솔이 펼쳐진 곳에 끌려갔다. 선글라스를 쓰고 다리를 꼬고 앉았던 남자가 정중하게 의자를 권했다. 겁은 났지만 남자의 매너는 그런대로 괜찮았다. 게다가 얼굴까지 잘생겼으니 기분 나쁘지는 않았다.

남자는 느닷없이 성당에 다닌다면서 자기 신상을 털어놓았다. 성당에 다닌다는 말에 경계심이 사라졌다. 결혼 적령기의 선배들이 종교 때문에 어긋나는 일을 흔히 보았던 터라, 가슴이 두근거렸다. 나도 사는 곳이 어디며, 성당에 다닌다고 슬슬 말꼭지를 풀기 시작했다. 홀어머니와 동생들을 보살피며 산다는 말을 듣고 그는 내 등을 두드렸다. 나보다 겨우 네 살 더 먹었는데 어른인 척하는 그가 믿음직스러웠다.

나는 특별한 것에 관심과 호기심이 많고, 친구는 소심하고 얌전했다. 수영복을 살 때도 나는 비키니를 샀고, 친구는 얌전한 원피스를 샀다. 그녀는 못마땅한 표정으로 눈을 흘기면서 빨리 집에 가자고 보채기 시작했다. 급기야 일어나더니 구두 소리를 또박거리면서 앞서 나갔다. 좀 더 앉아서 이야기를 나누고 싶었는데 할 수 없이 친구를 따라나섰다.

  그가 수영을 가르쳐 주겠다면서 다음 주에 성당에서 만나자고 했다. 그 대신 친구는 데려오지 말라고 속삭였다. 나는 은근히 웃음이 실실 나왔다. 친구는 얼굴도 예쁘고 나보다 키도 컸다. 그런데 톡톡 쏘는 성격이 문제였다. 그날도 말만 나오면 따발총처럼 톡톡 대꾸했다. 반면 나는 매사 긍정 마인드다. 그래서 내가 몰랑해보였는지 모르겠다. 아니, 오지랖 넓은 푼수 같기도 했을 것이다.

  일주일동안 인내가 필요했다. 왜 그렇게 시간이 더디게 가던지, 수학여행을 기다릴 때처럼 손가락을 접었다가 폈다 반복했다. 그가 전화번호를 적어주었지만 용기가 나지 않았다. 공중전화 부스 앞에서 여러 번 서성거리기도 했다. 그의 어머니가 전화를 받으면 뭐라고 말을 할까 그것도 걱정이었다.

  드디어 오래불망 기다리던 날이 되었다. 성당에 다니는 청년을 만난다고 했더니 엄마도 기분이 좋았던 모양이다. 전날부터 장을 봐오고, 보온병까지 준비했다. 요리 솜씨가 좋은 엄마는 새벽부터 일어나 태극김밥, 유부초밥 등 한껏 멋 부린 도시락을 준비했다. 맛있게 먹고 재미있게 놀다오라면서 용돈까지 보태주셨다.

그날도 깍둑깍둑 인사를 하는 친구 대여섯 명이 따라붙었다. 점심은 모자라지 않을 만큼 준비되어 있었지만, 왠지 그들과 함께 가는 것이 싫었다. 저 사람들과 같이 가고 싶지 않다고 했더니 그 자리에서 바로 해결했다. 다른 사람은 돌려보내고 한 사람만 도시락 가방을 들고 따라다니게 했다. 그것도 10m 뒤에서. 그런 그가 더 멋있게 보였다.

버스를 타고 스포츠 센터 앞에서 내렸다. 수영장에 들어가지 말고 산에 가서 놀자고 했다. 나는 이래도 좋고 저래도 좋았다. 산을 오르는데 숨이 찼다. 그가 손을 내밀었다. 처음에는 사양하다가 한계점에 이르자, 에라 모르겠다는 생각이 들었다. 순간, 두툼하고 커다란 손이 내 손을 꼭 잡았다.

도시락 가방을 들고 올라온 깍뚜기가 그늘 좋은 곳에 자리를 마련했다. 도시락을 보고 그가 놀라는 표정이었다. 엄마가 싸주셨다고 했더니 우리가 만나는 것을 아시는지 물었다. "물론!" 나의 대답에는 함부로 하지 마라, 든든한 지원군이 있다는 말이 포함되어 있었다. 그가 늑대라면 나는 여우였다.

점심을 먹고 커피를 마셨다. 그 시절에는 보온병에 담긴 1:2:3의 비율로 섞인 커피 맛이 최고였다. 그가 말했다. "세상에는 양가죽을 뒤집어쓴 늑대가 많아요, 양가죽을 조심하세요." 그 한

마디에 마음은 풍선을 달았다. 말만 하면 뭐든지 멋있었고, 구름을 타고 하늘 높이 두둥실 날아다녔다. 이 남자에게 내 인생을 맡겨도 되겠다고 망설임 없이 결정했다.

그러나 그건 꿈이었다. 꿈에서 깨어나 애먼 방바닥을 두드린 일이 한두 번이었던가. 내가 내 눈을 찔렀다. 알고 보니 그는 순한 양이 아니었다. 달 밝은 밤, 언덕에 올라서 "우~우" 포효하는 늑대였다. 사업을 한다면서 처박아 넣은 돈이 한두 푼이었을까. 그렇지만 늑대는 철저한 일부일처라고 한다. 그는 가족을 소중하게 생각하는 늑대이기는 했다.

세월이 흐른 뒤 남편이 말했다. 처음 본 남자에게 손을 쏙 내미는 여자가 걱정되었단다. 아버지가 되어주고, 남편이 되어주고, 오빠가 되어주겠다던 늑대는 무엇이 그리 바빴는지 약속을 저버렸다. 곧 뒤따라가겠다던 나 역시 약속을 이행하지 못하고 있다. 다음 생이 허락된다면 내 인생에 발목을 잡았던 그 늑대를 다시 만나리라.

홀로 아리랑

오랜만에 아침 일찍 골프 연습장에 나갔다. 나보다 더 이른 시간에 나온 두 사람이 소곤거리며 운동 중이다. 관계가 아리송하지만 매우 다정해 보인다. 공 날아가는 소리가 슉슉 하는 사이사이 두 사람의 대화가 자꾸 내 귀를 자극한다.

남자는 칠십 중반에서 팔십 정도 되어 보이고, 여자는 오십 중반쯤 보이는데 "자기"라는 말을 입에 달고 있다. 남자가 너무 늙었는지 여자가 젊게 보이는지 몰라도 듣기가 그렇다. 남의 사생활에 간섭할 수는 없지만 영 거슬린다. 정신이 딴 데 가 있으니 내 공이 자꾸 뻑사리 난다.

때마침 누군가의 전화기 벨 소리가 '홀로 아리랑'이다.

"저 멀리 동해바다 외로운 섬……."

동해바다 외로운 섬, 순간 알 수 없는 어떤 것이 용트림한다. 주체할 수 없는 아픔으로 삶의 질서를 잊은 채 허둥대며 살았다. 따스한 햇살로 보듬어주고, 밤하늘에 별이 되어 나를 지켜주겠다던 남자가 가뭇없이 사라졌다. 돌아올 수 없는 강을 건넌 그의 흔적을 애써 지우면서 이를 악물고 살았다.

　'홀로'라는 말은 누구에게 구속 없이 자유로움을 말한다. 혼자 되어 무지하게 자유롭다고 스스로 위무하면서 살았는데 그건 외롭다고 외치는 내 안의 절규였던가 보다. 오순도순 다정한 두 사람을 바라보면서 갑자기 신열을 앓는다. 통제할 수 없는 그리움에 몸과 마음이 오싹 자지러진다.

　불현듯 아련한 기억 속의 그림 한 점이 떠오른다. 아주 어릴 때 아버지를 따라 이발소에 간 적이 있다. 초등학생이 뭘 안다고 그때 한참 동안 심각했는지 모르겠다. 벽면에 원앙 두 마리가 한 곳을 바라보는 그림이었다. '하나는 외로워 둘이랍니다.' 액자에 적혀있는 글자가 자꾸 머릿속에 맴돌았다. 왜 둘이 있어야 외롭지 않을까? 궁금해서 아버지에게 물어 보았다. 암컷과 수컷은 같이 살아야 새끼도 낳고 행복하게 산다고 하셨다. 그런데 아버지는 서른여덟 된 엄마를 외롭게 남겨두고 하늘로 가버렸다.

　그때부터 내 외로움은 깊은 무의식의 창고에 저장되었는지 모른다. 외롭다, 고독하다 등의 단어를 즐겼다. 종이와 연필만 있으면 외로움, 고독, 쓸쓸함이라고 끄적거렸다. 낙서를 좋아하는 버릇도 그때부터 생긴 것 같다. 외롭고 슬프다는 시를 골라서 읽고, 좀 자라서는 시집을 옆구리에 끼고 다니기도 했었다.

외로움 좋아하다가 결국 내 처지가 이리 되었다. 원앙 한 쌍이 새끼 낳고 행복하게 살았는데 수컷이 사라졌다. 산장의 여인을 노래하던 여인이 산장에서 병고를 겪다가 세상을 등졌다는 말도 있지 않은가. 누구나 혼자 감당해야 할 몫이 있다. 홀로 살아가려면 세상의 온갖 것들과 맞서야 한다. 그중 제일 두려운 것이 외로움이다. 강한 척할수록 진한 외로움은 시나브로 나를 추위에 떨게 했다.

인생이란 어떤 의미일까. 내 인생에 의미를 줄 수 있는 사람은 오직 '나' 밖에 없고, 내 몫의 삶이 있을 뿐이다. 홀로 살아가리라. 내 삶의 선물로 주어진 '홀로'라는 가벼움을 벗하리라. 보석 같은 삶의 주인은 나다. 최소한으로 먹고 지낼 수만 있다면, 고대광실도 천석꾼 부자도 부럽지 않다. 월든 호숫가로 들어가 자연을 벗 삼아 자유로운 삶을 산 헨리 데이비드 소로우를 흉내내 보면 어떨까.

전화기를 검색해서 홀로 아리랑을 들어본다. "언제쯤 우리는 하나가 될까. 가다가 힘들면 쉬어가더라도 손잡고 함께 가보자."

누군가 아리랑을 이렇게 정리했다. '아我'는 참된 나를 의미하고, '리俚'는 다스림이며, '랑朗'은 즐겁다는 뜻이라고 했다. 나 자신을 찾고 깨달아 언제나 즐겁고 밝은 빛을 뿜으며 여음으로 아리랑을 노래하며 살리라.

  골프를 즐기는 두 사람을 은근슬쩍 질투하는 중인데 한 줄기 바람이 가슴을 훑고 지나간다.

황혼의 블루스

먼 바다에 노을이 번지기 시작한다. 원대한 꿈을 품고 아침을 연 태양이 하루를 마감하며 붉게 물든다. 낙조가 이렇게 아름다울 줄이야! 지는 해를 바라보면서 허허로운 가슴이 뜨거워지는 것은 웬일까.

열심히 살다가 황혼에 접어들 때 꼴딱 넘어가는 시각이 안타까워 몸부림치는 것은 노년의 추태가 아니다. 풋풋한 젊음보다 완숙의 열매를 맺을 때 모든 사물이 아름답다. 시난고난, 산전수전 겪으며 살아 온 세월은 그 사람의 무게를 가늠한다고 한다. 늙음을 흔히 시든 꽃에 비유하지만 천만의 말씀이다.

어떤 지인에게 들은 이야기다. K, 그는 86세다. 그에게는 돈이 많다. 죽을 때까지 쓰고도 남을 만큼 창고가 탄탄하다. 그는 매일 오전 11시쯤이면 넥타이를 맨 정장 차림으로 콜택시를 타고 경상감영공원 옆에 있는 사랑방 커피숍으로 출근한다. 사랑방은 황혼들이 모이는 장소다. 파트너와 주로 사랑방에서 만나 점심을 함께하고 놀이터인 콜라텍으로 간다. 아내와 사별하고 자식들은 늙은 부모에게 관심 없으니 유일하게 그를 반기고 즐겁게 해주는 놀이터가 사랑방이고, 콜라텍이다.

그의 삶은 나름대로 철학이 있다. 지출은 무조건 하루에 십만 원이다. 단골 택시의 왕복 요금과 사랑방 친구들의 찻값 그리고 점심 식사비가 그가 쓰는 하루 용돈이다. 택시비의 거스름돈을 받지 않으며, 자신을 반기는 이는 모두가 고마운 사람이라 돈을 쓰는 것이 아깝지 않다. 그는 어르신도 아니요, 노인도 아닌 아직은 남자이고 싶은 사람이다. K는 택시를 불러놓고 기다리는 잠깐의 시간도 힘에 겨워 쪼그리고 앉는다. 다리를 벌벌 떠는 사람이 사랑방에서 콜라텍으로 향하는 몸은 언제 그랬냐는 듯 힘이 솟는다고 한다.

그는 한 사람만이 파트너가 아니다. 매일 파트너를 바꾼다는 이야기가 흥미롭다. 사람을 마음에 두면 골치 아픈 일이 생긴다는 지론이다. 짐작하건데 돈 많은 노인을 노리는 파렴치한 여인들이 있어 걱정인 것 같다. 그런데도 K의 변명이다. 평생 아내한테 잡혀 살다가 겨우 해방되었는데 새로운 인연을 만들고 싶지 않으며 자유롭게 산다는 것이다. 남들이 보면 퇴폐와 향락에 젖어 산다고 하겠지만, 사람을 만나서 좋고 리듬을 타면서 운동도 한단다.

나는 한번도 콜라텍을 가 본 적이 없다. 어두운 뒷골목을 연상하면서 부정적인 생각을 했다. 밝게 살아야 한다는 관념 속에 파묻혀 어두운 콜라텍은 퇴폐적인 사람들이 가는 장소로 알았다. K 이야기를 듣고 생각이 바뀌었다. 그곳은 음지가 아니며, 남의 눈을 피해 출입할 곳도 아니다. 외로움을 이겨내기 위해 사람과 사람이 소통하는 공간이다.

그곳이 궁금했다. 사랑방에 가서 커피를 마시고 콜라텍이 어떤 곳인지 알고 싶었다. 친구를 만나기로 한 날, 약속 시각보다 두어 시간 앞서 시내로 향했다. 지하에 있는 커피숍으로 갔다. 사랑방은 시골 고모부네 사랑에서 나던 그런 퀴퀴한 냄새가 진득하게 배어 있었다. 빼꼼 들여다보니 손님은 없고 주인이 나를 흘낏 쳐다보았다. 남의 인생을 살피려 한 내 행동이 무안해서 얼굴이 확 달아올랐다.

사랑방 진입은 실패로 끝났다. 말 한마디 못하고 나왔다. 해도 덜 넘어갔는데 네온이 번쩍거리는 현란한 간판이 하나둘이 아니었다. 회관도 있고 나이트클럽도 있었다. 한 남자가 마구 손짓을 했다. 눈치를 보니 호객꾼이었다. 입구에 서서 어느 구멍으로 들어갈까 망설였다. 가슴이 두근거렸다. 빨간 원피스를 입은 여자와 정장한 남자가 건물 안으로 사라졌다. 어디로 갈지도 모르겠고 무서웠다. 똥마려운 강아지처럼 뱅뱅 돌다가 밖으로 나왔다. 진땀이 밴 등으로 찬바람이 스며드는 것을 보니 콜라텍에 출입할 자격 미달인 모양이었다.

근처 골목 안 식당으로 갔다. 한 패의 남자들이 왁자하게 들어오더니 옆자리에 앉았다. 호랑이가 그려진 공단 점퍼에 청바지를 입은 Old boy였다. 또 한 사람은 나비넥타이에 연미복 차림이었다. 엿듣는 재미도 괜찮았다. 오늘 그 여자 어떠냐고 서로 물었다. 얼굴은 별론데 스텝은 좋다면서 다음에 파트너를 바꿔 놀아보자고 서로 추임새를 넣었다. 인생 별거 없으니 즐기며 살자는 말을 듣고보니 일리가 있다. 잘은 모르지만, 콜라텍이 그렇게 나쁜 곳은 아닌 것 같았다.

또 다른 무리의 황혼들이 식당으로 들어왔다. 근처 전시장에서 행사를 마치고 나온 사람들이었다. 금혼식에 사진전을 준비한다는 노부부의 말에 부러움과 감동이 파도를 탔다. 턱을 괴고 앉아 실눈으로 그들을 바라보았다. 오십 년을 함께 살아온 부부가 지긋이 상대를 바라보며 블루스 추는 모습을 상상했다. 현란한 불빛 속에 스며들어 불나방처럼 사는 사람과 이성을 나누는 부부를 바라보며, 사람 사는 것이 층층 만 층 구만 층이라는 말이 떠올랐다.

이성과 감성의 교차점이지만 노을빛이 아름다운 것은 부정할 수 없다. 황혼을 배경으로 내 마음이 블루스를 춘다. 붉은 태양이 어느새 수평선 너머로 사라지고, 잿빛 커튼이 창공에 장막을 드리운다.

게이샤와 그 남자

나는 커피를 그다지 좋아하지 않는다. 시쳇말로 나는 '된장녀' 다. 있으면 마시고, 없으면 그만이다. 투썸플레이스, 스타벅스 커피를 마시는 것을 사치며 허영이라고 손사래 치며 살았다. 맛을 제대로 알지도 못하면서 물 한 잔에 거금을 들인다는 것이 용납되지 않아서이다. 식사는 된장찌개를 먹고 디저트는 브랜드 커피를 고집하는 사람들이 이상하게 보였다. 그러던 내가, 느닷없이 커피를 예찬하려니 얼굴이 간지럽고 부끄럽다.

내 생일이었다. 친하게 지내는 후배가 커피를 사겠다고 연락이 왔다. 같이 저녁이나 먹고 동네 카페에서 한 잔 마시리라 가볍게 생각했다. 영천에서 경산까지 찾아온 후배는 대구까지 커피를 마시러 가자고 했다. 아주 특별한 '게이샤 커피'를 사겠단다. 게이샤? 처음 들어본 이름이다. 아메리카노, 카푸치노, 카페라테, 에스프레소 이 정도가 다인 줄 알았다.

고개만 갸웃거리는 나를 보면서 후배는 재미있어 죽겠다는 표정이었다. 거기다가 손가락 다섯 개를 벌리더니 한 잔에 '오만 원'이라고 했다. 오천 원짜리 커피도 돈이 아까워 마시지 않는데 열 배의 커피를 마시다니! 한마디로 거절했다. 씹을 것도 건더기도 없는 시커먼 물을 거금을 주고 마신다는 것은 조상님이 욕한다고 소리 질렀다.

후배가 나를 어르고 달랬다. 능글능글하기까지 했다. 비싸서 일 년에 단 한 번 사주는 거니까 생일 선물로 받으라고 했다. 선물보다 다른 세계를 보여주고 싶어서 작정하고 올라왔다니 내가 질 수밖에 없었다. 내친 김에 호기심도 생겼다. 동네 식당에서 된장찌개를 먹고 시간 맞춰 시내로 갔다.

남산동 어디쯤 커피클럽이라는 간판이 있었다. 구부러진 골목 안, 동네 한복판에 어두운 잿빛 건물이었다. 누가 이곳에 커피 볶는 가게가 있다고 생각할까. 또 한 번 놀랐다. 주인장은 자유롭게 살기 때문에 신명나면 문을 닫고 어디든지 발길 닿는 대로 여행도 떠난다고 했다. 그 집 커피를 마시려면 약속을 해야 한단다. 마침 우리가 도착할 때쯤 기다리겠다고 했다. 후배는 게이샤 커피를 마실 행운이 내게 왔다고 추임새를 넣었다.

커피클럽 대표는 건축사 출신으로 사는 건물도 손수 설계하여 지었단다. 가게 앞에서 전화했더니 그가 나타났다. 아이보리 색깔 니트에 피카소의 추상화가 그려진, 아무나 소화할 수 없는 셔츠에 스카프를 맨 차림이었다. 비니 모자를 쓰고 깡마른 체격에 뭔가 남다른 포스가 느껴졌다. 그는 커피 칼럼을 수년째 연재하고 있다. 케냐, 에디오피아, 파나마 등 여러 곳을 다니면서 커피의 맛을 연구하고 개발한단다.

그가 내리는 커피를 눈으로 보면서 마주앉았다. 해외여행에서 사온 고급 커피잔을 진열해 놓고 선택할 기회도 주었다. 청색 무늬가 있는 잔을 가리켰더니 생각이 진취적이라고 했다. 그는 고객의 선택에 맞춤형 립서비스까지 곁들였다.

"실례지만 게이샤가 무슨 말인지요? 일본의 접대부를 게이샤라고 하지 않나요?"

"네, 맞아요." 그는 전혀 생뚱맞은 질문이 아니라고 하면서 빙긋이 웃었다. 게이샤는 커피의 종류라고 한다.

커피를 점, 점, 점, 드립을 하면서 인문학 강의가 펼쳐졌다. 그의 커피 사랑과 세상 살아가는 이야기가 커피를 뽑아내듯 보글거리며 끝없는 향기를 퍼뜨렸다. 파나마 에스메랄다 농장의 게이샤는 신이 내린 커피라고 했다. 영국 황실의 잔에, 드립한 커피를 내 앞으로 정성껏 내밀었다. 게이샤를 받아들일 최상의 분위기를 만드는 그는 진정한 프로다. 나 역시 고가의 몸값을 자랑하는 게이샤에 압도되었다. 쿵쿵거리는 심장 박동 소리를 그가 눈치챌까 조심스러웠다.

커피향을 맡으면서 한 모금 혀끝에 적셨다. 그리고 천천히 내 안으로 받아들였다. 완벽한 입맞춤이었다. 상큼한 신맛과 은근 슬쩍 달달함이라니! 눈을 지그시 감았다. 성적 쾌감만이 오르가즘은 아닐 것이다. 그도 게이샤에 매료되어 자신의 수중에 들어오기까지 많은 수고로움을 감당했다고 한다.

게이샤를 내연녀처럼 품고 사는 그는 커퍼(Cupper)이며, 로스터이며, 바리스타이다. 커피의 맛을 테스트하는 사람을 커퍼라고도 하는데 커피의 고유한 맛과 개성을 알아보고 품질 정도를 특정하는 사람을 가리킨다. 커핑 과정에서 커퍼의 능력이 절대적으로 중요하다. 그냥 콩을 볶는 것이 아니라 블렌딩을 하고, 제대로 나온 맛인지 테스트도 한다.

그는 대장암 말기 환자로서 투병한 지 4년이 되었다. 식이요법으로 건강을 회복 중이며, 고난을 통해서 교만했던 자신의 삶을 되돌아보았다고 했다. 지금은 모든 것을 포기한 것이 아니라 제자리에 두면서 사는 연습을 한단다. 여행을 떠나서도, 길을 가다가도, 그 자리에 쓰러지면 그곳이 세상의 끝이라 해도 아무 미련이 없다고 한다. 자신만의 인생철학으로 하루하루를 기쁘게 산다는 커피 뽑는 사람, 그의 커피 사랑 이야기를 들으면서 시간 가는 줄 모르고 게이샤와 함께했다.

계산하면서 후배가 놀라는 표정이다. 왜 커피값이 싸냐고 커피클럽 대표에게 물었다. 리필은 덤이며 한 잔에 삼만 원이란다. 놀라운 가격의 기대치 그 이상을 넘어서는 게이샤와의 조우, 이 정도면 일 년에 몇 번은 호사를 누려도 되리라. 인생의 단맛과 쓴맛을 아는 사람이 거기 있었다.

청개구리의 노래

　명절을 앞두고 예초기 소리가 요란하다. 조상 산소의 벌초를 위해 후손들의 발길이 부산하다. 윙윙 돌아가는 소리를 듣고 있자니 예초기 칼날이 가슴을 도려내는 듯하다. 도려낸 자국마다 싸늘한 바람이 휘몰아친다. 나에게는 벌초할 무덤이 없기 때문이다.

　죽거든 바다에 뿌려달라는 엄마의 말씀이 정말인 줄 알고 효도를 한 자식들의 죄의식이 크다. 엄마는 돌아가시고 나서야 사십 년만에 아버지를 만났다. 젊은 시절, 동네 사람들과 바다로 단체 관광을 간 것이 엄마와 아버지의 처음이자 마지막 여행이었다. 다시 한 번 가자는 약속을 해놓고 아버지는 세상을 떴다. 엄마는 그 약속을 가슴에 품고, 다시 만날 날을 기다렸다.

그래서인지 엄마는 바다를 좋아했다. 바다에 가면 수평선을 바라보며 한숨을 쉬셨다. 저 배를 타고 가면 어디로 갈까 하면서 자주 물었다. 네 아버지가 보고 싶다는 말을 차마 못하고 에둘러 하는 말이었다. "가봐야 알겠지!" 나는 건성으로 대답하곤 했다. 엄마의 켜켜이 쌓인 그리움을 왜 알아듣지 못했을까.

엄마가 떠나던 날, 형제들이 모여 의논을 했다. 평소에 노래처럼 말씀하시던 소원을 들어주기로 한 것이다. 세상에 벗어두고 간 아버지의 겉옷을 거두어 엄마와 나란히 바다에 띄웠다. 바닷물이 춤을 추었다. 하얀 국화가 송이송이 너울 파도를 타고 산지사방으로 퍼져 나갔다. 천하에 없는 효도를 다 하는 것처럼 이제라도 엄마가 행복하시기를 자식들은 빌었다. 울음 반, 웃음 반 억지 춘양처럼 그렇게라도 해야 마음이 편할 것 같았다.

살아보니 잘한 짓이 아니었다. 후회하는 때가 많다. 우화에 나오는 청개구리처럼 무덤을 물가에 만들어 놓고 수시로 노래를 불렀다. 벌초 다니는 이웃을 보면 부럽고 마음이 쓰라렸기 때문이다. 그리움이 일렁이는 날이면 바다로 달려갔다. 악악 소리를 지르며 엄마 아버지를 불러 보았지만, 파도가 삼켜버린 소리는 허공에 맴돌 뿐이었다.

효란 부모를 공경하는 자식의 행위를 말한다. 동서고금을 막론하고 존재해 왔으며, 인륜의 중요한 덕목이다. 공자는 부모를 공경하고 마음을 편안하게 해 드리며, 사후에는 예로써 제사를 받들 것을 설하였다. 효사상은 시대와 이념에 따라 그 내용이 변화되기는 했으나 부모를 받들어 섬기며 봉양한다는 본질에서는 차이가 없다.

나는 친정 부모를 가까이 모시지 못했다. 경주 최 씨 가문에 몸담아 사느라 친정을 멀리 두었다. 시어머니를 삼십 년 모시고 사느라 몸과 마음이 고달팠다. 봉사 삼 년, 벙어리 삼 년, 귀머거리 삼 년. 석 삼 년을 살아 넘겨야 시댁 가문에 정착하는 것이라며 귀에 못이 박이도록 엄마는 이야기했다. 시댁 풍습에 맞추어 사는 동안 혹여 아비 없이 자란 딸이 부모 욕될까 엄마는 노심초사하셨다. 나는 부모 말 잘 듣는 것이 효도라는 생각만 했다.

강산이 세 번이나 바뀌어 시집살이를 벗어나니 엄마는 세월의 흔적을 가득 담고 멀리 외딴 섬이 되어 있었다. 엄마가 필요할 때만 후다닥 달려가는 인정머리 없는 딸이었다. 텃밭 채소를 챙겨주는 것도 건성으로 받기만 했다. 등이 휘고 손가락이 굽은 것을 그때는 왜 보지 못했을까. 눈물 글썽이던 쓸쓸함을 살펴본 적 없다. 노쇠한 몸이라 눈물샘이 막힌 줄 알았다. 돌아보니 엄마를 서운하게 한 일이 열 손가락 백 번을 꼽아도 모자란다.

불효 중에 더한 불효는 내가 혼자 된 일이다. 엄마는 당신의 팔자를 닮아 딸자식이 외로운 삶을 살까 늘 걱정했다. 사위가 뇌경색으로 쓰러졌을 때 딸 앞에서 한숨 한 번 쉬지 않았다. 혼자 용변을 볼 수 있을 때까지만 보살피면 나머지는 당신이 책임지겠다고 했다. "너를 자유롭게 해주고 싶다."는 그 말씀의 바닥에는 당신의 고달픈 넋두리가 깔려 있었다는 것을 뒤늦게 깨달았다.

엄마도 훨훨 날고 싶은 여자였으나, 자식들이 올무였다. 자식을 위해 손발이 다 닳도록 당신의 인생을 소진하고, 고물이 된 것이다. 자식들은 모른다. 그것이 엄마의 당연한 삶인 줄 안다. 내가 혼자되어 살아보니 자식 키우면서 정신없이 살았다고 하시던 말, **빨간** 거짓말이다.

회한에 몸을 떨다 정신을 차리니 산골이 조용하다. 가을 햇살은 익어가고, 푸르른 하늘빛에 눈이 시리다. 주변의 풍경이 보이기 시작한다. 예초기 소리가 물러가고 깨끗하게 단장한 무덤이 보기 좋다. 며칠 후면 자손들이 산소 앞에서 차례를 지내고 정담을 나눌 것이다.

진주농장

해마다 들판이 황금빛으로 물들어 갈 때쯤이면 밤을 주우러 간다. 한재 고갯마루를 반 마장쯤 넘어가면 산밤나무가 있다. 올해도 여느 해처럼 고개를 넘었다. 길옆에 자동차를 세워두고 정신없이 밤을 줍고 있는데 전동차가 달달거리며 달려왔다.

"뭐 하능교!"

"밤 줍지요."

태연스레 말하면서 허리를 펴고 돌아보았다. 세상에나! 깜짝 놀랐다. 노인의 얼굴은 한센병의 흔적인지 일그러지고, 손이 뭉툭했다. 놀란 모습을 들키지 않으려고 웃음을 지었더니 노인도 따라 웃었다.

"좀 전에 마을버스 기사가 한바탕 털어 갔는데 흘린 것이나 있을까 모르겠네."

의외였다. 목소리가 부드러웠다. 밤나무 옆에는 발갛게 익은 감나무가 한 그루 있었다. 감을 한 개 따 보라고 했다. 몇 번이나 사양해도 자신이 감 임자라고 하면서 자꾸 따먹어 보라고 했다.

"약을 안 쳤으니 꼴은 형편없지만 단감이요. 맛이 좋소."

노인이 뭉툭한 손으로 감을 따서 내 손에 쥐어주었다. 용기가 필요했다. 옷에 쓱 문질러서 선뜻 한 입 베어 물었다. 뚝배기보다 장맛이라더니 보기와는 달리 맛있다. 연한 배처럼 사각거리면서 달달한 과즙이 흘렀다.

이런 감 처음 먹어본다고 추임새를 넣었더니 노인은 신이 났다. 감을 사겠다고 했더니 손사래를 쳤다. 노인은 사람을 만나서 말을 섞고 인정을 나눈다고 했다. 노인이 골짜기가 쩡쩡 울리는 소리로 아내를 불렀다.

"여보, 감을 팔아야겠소, 상자를 가지고 오소!"

그런데, 아장걸음을 걷는 조그만 여자가 상자를 들고 나타났다. 또 한 번 놀랐다. 여자는 곱사등이었다.

"감이 주인 닮아서 볼품없는데 팔아도 될랑가?"

여자가 웅얼거리면서 장대를 높이 들어 올려 감을 땄다.

"당신이 왜 볼품없소? 우주보다 더 큰 사람이요."

노인의 말에 콧등이 시큰하면서 가슴이 떨렸다. 이보다 더 아름다운 광경을 어디에서 볼 수 있을까. 시선을 어디에다 둘지 몰라 허공을 바라보았다. 그들을 바라보는 것도 아깝다는 생각이 들어서였다.

　노인은 처음 본 나한테 아내의 친정이 진주라고 가족사를 들려주었다. 애락원에서 완치 판정을 받은 남자와 진주의 조그만 오두막에 살던 여자가 만나서 가정을 이룬 지 반세기가 넘었다. 외적인 모습은 부실하지만, 내면의 충실함으로 서로를 알아보았다. 여자는 남자의 손이 되어 주고, 남자는 여자의 언덕이 되어 주기로 했단다.

　사람들에게 멸시 받고 왕따를 당해도 늙은이 둘이 오순도순 따사롭게 산다면서 노인은 감 따는 아내를 지긋이 바라보았다. 나의 감수성은 이들의 사랑에 푹 빠졌다. 상생의 기쁨이 가져다주는 사람살이를 노부부에게서 배운 날이다. 다정한 이웃 같은 분들에게 차에 실려 있던 과자와 음료를 모두 내려주었다. 받지 않으려는 감 값을 계산하고 돌아서는 나를 향해 말을 남겼다.

　"돈보다도 마음을 얻었지 않소? 저 언덕 위에 진주농장이라고 적힌 집이 내 집이요. 다음에 꼭 놀러오소!"

　노인의 말이 바람타고 귓가에 윙윙거렸다. 밤도 얻고, 감도 얻고, 마음도 얻었으니 풍성한 날이었다.

사추기

 가을에 든 내 몸이 거부의 몸짓을 하고 있다. 내면의 갈등을 겪으며 다가오는 늙음을 한탄한다. 지는 해를 바라보면 우울하고 센티멘탈해진다. 나이 든 사추기는 비참한 현실이다. 얼굴 주름을 없애느라 보톡스를 맞고 늘어진 눈꺼풀을 들어 올리며 신경을 쓰는 것도 가는 세월을 막고자 하는 몸부림이다.

 오늘따라 식탁 위에 자리를 차지한 건강 보조식품이 눈에 거슬린다. 내가 새댁일 때 로열젤리와 비타민, 몸에 좋다는 약초를 달여 먹는 어머님을 이해할 수 없었다. 자연스럽게 늙고, 때가 되면 돌아가는 것이 인생이지, 저렇게 안달일까 생각했었는데 그 자리에 내가 있다.

 나의 사추기 몸살은 국민연금공단에서 보낸 엽서 한 통 때문이다. 때가 되었으니 연금 수령을 하라는 것이다. 돈이 생긴다니 들뜬 기분으로 공단 사무실 문을 두드렸다. 연금을 신청하러 왔다고 하니 직원이 "아 노령연금이요?"하고 물었다. "아니요, 국민연금입니다." 내가 고쳐서 말을 해도 말끝마다 노령연금이라고 끝까지 우겼다. 내가 노령연금을 받다니 말도 되지 않는 소리였다. 분명 국민연금을 냈는데 노령연금을 받아가라고 했다.

처음 맞닥뜨리는 노령 앞에서 받아들이고 싶지 않은 거부감이었다. 노년은 고요와 평안의 바다가 아니라 삶과 죽음이라는 화두 앞에서 억지를 부리는 혼돈이었다. 나이가 들면서 생각이 짧아지고 "왜 늙었어? 죽지 않고 영원히 살고 싶다."는 욕망과 갈등이 숨통을 거머잡고 흔든다. 그러나 천하일색 양귀비도 시들어 갔고, 불로불사를 염원하던 진시황도 죽었다지 않은가.

나이 듦을 받아들이며 지난날을 돌아보니 눈 깜짝할 사이에 흘러간 젊은 날이 아쉽다. 몸도 마음도 춥게 살았다. 하고 싶고, 가지고 싶은 것 포기하면서 속이 바글바글 끓어도 참기만 했다. 다른 사람을 위해서 양보하는 것이 최선이며, 삶의 미덕인 줄 알았다. 그럼에도 불구하고 가슴 속 밑바닥에서는 아니라고, 그건 아니었다고 도리질하는 의식이 체증처럼 쌓여 있다.

가난한 부모의 여러 자식 중에 맏이인 나의 책임은 무거웠다. 등을 쓰다듬으면서 맏딸은 살림 밑천이라고 하는 엄마의 그 소리가 좋았고, 사랑받고 있다는 확신이 들었다. 살림 밑천이라는 말이 나에게 올무가 될 줄 몰랐다. 좋은 것이 있으면 동생들을 위해서 뒤로 물러나고 한번도 떼를 쓰지 않았다.

　결혼해서는 팔 남매의 일곱째라 얼씨구 좋았으나, 시어머니와 살아야했다. 거역할 수 없는 덫에 걸려 늘 이리 채이고 저리 채이면서 순명하는 것이 자식된 도리인 줄 알았다. 인생 다 그런 것이라지만, 남편과 자식을 위해서 발목 잡혀 산 것은 누구에게 보상받을까.

　세월이 모래시계라면 거꾸로 돌리고 싶다. 오로지 나를 위해 살겠다고 욕심도 부려본다. 희로애락의 감정도 솔직하게 표현하리라. 고작 사십만 원, 나라에서 주는 연금이란다. 노령연금 혜택을 기꺼이 누리며 신바람 나도록 살아보리다. 죽음의 족쇄는 하늘에다 맡기고 백 세 인생이나 읊조려 볼까.

　요즘 내남없이 백세시대라고 떠들어대지만, 세월이 하도 빨라서 저승길이 금방이다. 육십갑자 한 바퀴를 돌고 나면 살 만큼 살았다고 저승사자가 기웃거리지만, 타령을 하면서 못 간다고 뭉그적거리고 있지 않은가. 아직 젊어서 못가고, 할 일이 남았으니 알아서 간다고 깝치지 마라 한다. 이것은 죽음을 부정하고 삶에 대한 애착으로 가득 찬 거부의 몸짓이다. 좋은 날, 좋은 시에 편안하게 떠날 수 있다면 무슨 걱정이랴.

　젊음과 늙음은 방황과 반항의 차이다. 청소년의 사춘기는 성장통을 앓으며 방황하고, 노년의 사추기는 호르몬이 구석구석

줄어들어 온몸이 반항하면서 아프다. 말수가 적어진 나에게 사추기라고 놀린다. 파스칼이 인간은 생각하는 갈대라고 했다. 갈대는 무력함과 허무함이다. 내 안에서 무시로 들쑥날쑥 하는 존재는 무엇인가. 채우지 못한 여백이다.

  내 인생의 화폭에 어떤 그림을 그리며 살았을까. 삶의 전쟁에서 치열한 전투를 했는지, 언저리만 맴돌며 살지나 않았는지 돌아본다. 여백을 채우기에 아직 늦지 않았다. 해야 할 일보다 하고 싶은 일을 먼저 해야겠다. 허허로운 빈 둥지, 성긴 구멍으로 들어오는 바람이 모질도록 시린 가을이 깊어간다.

거북이

마우이 섬, 나필리 해변에서 가마솥 뚜껑만 한 커다란 거북을 만났다. 거대한 거북을 눈앞에서 보기는 처음이다. 쭉 찢어진 커다란 눈이 껌벅거린다. 파도에 밀려와 바위에 부딪히는 모습이 안타까워 마음이 조마조마한데 녀석은 아랑곳없다. 파도를 타면서 갯바위에 붙어 있는 해초를 맛있게 뜯어 먹고 있다.

거북을 보자 불현듯 사십 년 전 태몽이 떠올랐다. 하얀 깃대를 입에 문 커다란 거북이가 집 안을 둘러보고 나가는 꿈이었다. 머리와 가슴속에 평생 간직했던 거북이라서 그럴까. 예전부터 나하고 아주 친밀했던 느낌이 들어서 한번 쓰다듬어 주고 싶었다. 열심히 해초를 뜯고 있는 거북 등에 검지를 대보았더니 딱딱했다. 수없이 긁힌 자국은 영락없이 아들의 손을 보는 듯했다.

걱정 없는 평온의 삶이 아들에게는 답답했는지 모르겠다. 군 복무를 마친 아들이 미국 유학을 간다고 했다. 넓은 세상으로 나가고 싶다는 아들을 말릴 수가 없었다. 고요한 바다 속 부모의 품에 있을 때는 무엇이 걱정이랴. 세상에 예상 못할 일은 인간의 일이다. 기가 막힌 것은 경영학을 공부하러 간 아들이 요리를 선택했다.

거북처럼 세상 바깥으로 나간 아들은 험난한 파도에 몸을 맡겼다. 작은 것에 만족하지 못하고 더 나은 것, 더 큰 것을 기웃거리며 망망대해에 표류했다. 제 몫을 하고자 내 품을 떠난 아들이 세상의 바다에서 폭풍우에 떠밀려 어디론가 사라질까봐 어미의 간이 새까맣게 쪼그라들었다.

엄청난 파도가 덮쳤다. 파도가 거북의 몸을 뒤집어 버렸다. 갯바위에 걸려 옴짝달싹 못하는 거북을 바라보니 내 입에서 저절로 쯧쯧쯧 소리가 났다. 그래도 잘 버티고 있다. 파도가 들이치면 모가지를 집어넣고 납작 엎드렸다가 파도가 밀려가면 긴 목을 뽑아내서 해초를 뜯었다. 거북은 좌절과 포기를 밀어내고 뚝심으로 세상과 맞서는 아들과 닮았다. 요리 공부를 마치고 불법 체류로 미국에 머물던 아들의 시간이 어제같이 생생하다.

요리 공부를 마친 아들이 십 년 만에 영주권을 받았다. 덮쳐오는 파도와 갯바위에 부딪히면서 얻어낸 승리였다. 해마다 열리는 요리경연대회에 나가서 2년 연속 1위를 한 결과 마침내 아들에게 행운이 찾아왔다. 일곱 개의 가게를 운영하는 요식업 대표에게 선발되었다. 몇 년간 한 업체에서 성실하게 일했던 아들은 계열회사를 관리하는 최고 주방장 자리를 차지했다. 대표는 아들에게 취업비자를 얻게 해주었고, 회사의 모든 관리를 맡겼다. 아들은 이제 칼을 잡지 않고 경영수업을 한다. 사무실 컴퓨터 앞에 앉아 식자재 주문과 본인의 이름을 건 스페셜 요리를 연구 개발하고 있다.

부하 직원들은 가난한 멕시코 사람들이 대부분이다. 그들에게 한국식 갈비찜을 자기 돈으로 요리해서 먹이고, 가족들에게 힘든 일이 생기면 앞장서서 도와주었다. 한 번은 도벽이 있는 직원을 몇 번 타이르다가 뺨을 한 대 때린 것이 화근이 되어 그들 집단이 모두 들고 일어났다. 폭력으로 몰려 경찰서에 불려갔으나 주위 사람들의 증언으로 벌금을 내고 훈방조치를 받은 적이 있다. 그래도 아들은 그 직원을 용서해 주고 재취업을 시켰다. 업계에 나쁜 소문이 돌면 그 사람은 살길이 막막하다는 것이 이유였다.

유학기간 여섯 해는 미국 정부로부터 인정받은 세월이었으나 학교를 마친 여섯 해는 아들에게 불법의 시간이었다. 그동안 마음 졸이며 살아온 날들이 한이 되었다. 아들은 소수민족의 설움을 잘 안다면서 그들의 길잡이가 되어 삶의 안전한 항로를 개척해주는 보람으로 인생을 산다고 했다.

해초를 먹고 있는 거북이 곁에 쪼그리고 앉아 넋을 잃고 바라본다. 그림이 좋은 모양이다. 휴가를 즐기는 사람들이 나와 거북의 모습을 카메라에 담고 있다. 어쩌면 구글 사이트에 모델로 등장할지도 모르겠다. 등이 간지러운 것 같아 고개를 돌리니 엄지를 치켜들며 사람들이 미소를 보낸다. 나도 덩달아 미국 사람처럼 감사하다는 표시로 어깨를 들썩거려 주었다.

잠시 한눈을 파는 사이에 태평양의 거북이가 파도를 타고 바다 속으로 유유히 사라진다. 그래 잘 살아라. 바깥세상도 구경하면서 건강하게 천년을 살아라. 행운을 빈다.

이럴수가

　자식들 앞에서 망신당한 해프닝이다. 하와이를 방문한 사람의 목에 걸어주는 꽃목걸이 '레이'를 자칫했으면 먹을 뻔했다.
　미국에 사는 딸네 가족과 하와이 제도에 있는 마우이 섬에서 만났다. 손자들이 봄방학을 했기 때문이다. 아이들이 보고 싶어도 긴 비행시간이 힘들어 자주 가지를 못한다. 해결 방법으로 미국 본토와 한국의 중간 지점쯤 되는 곳에서 휴가를 보내기로 정했다.
　인천공항에서 호놀룰루에 도착한 다음 마우이로 환승하는 비행기를 탔다. 마중 나온 딸아이 얼굴에 다크 서클이 거뭇하다. 알아듣지를 못하니 'Yes'도 할 줄 모르는 엄마가 혼자 비행기를 타고 오는 것이 걱정되었던 모양이다. 딸은 나를 얼싸안고 폴짝

폴짝 뛰면서도 눈가에 물기가 맺혔다.

혼자 비행기를 타고 환승하는 여행은 평생에 처음이어서 나도 불안했다. 자칫하면 국제 미아가 될 가능성도 다분히 있었지만, 나의 사전에 불가능은 없다. 몸으로 말하는 방법도 있지 않은가. 공항에는 국적이 다른 여행객들이 득실거렸지만, 하얗게 센 머리카락을 무기로 삼았다. 티켓을 보여주면서 눈치로 묻고 표정으로 알아들었다. 마치 전장에 다녀온 전사처럼 무용담을 늘어놓으니 딸은 내 턱밑에 앉아서 연신 고개를 끄덕였다.

사위가 원하는 것이 있으면 말하라고 했다. 나는 턱을 약간 쳐들고 귀부인이라도 된 것처럼 엘레강스하고 럭셔리한 디너파티가 좋겠다고 했다. 초등학생인 손자들도 까르르 웃으며 동의한다는 뜻으로 손뼉을 쳤다. 신명 많은 외할매와 손자들은 한결같은 명랑족이다.

에메랄드빛 바닷물이 파도를 만나 하얗게 부서졌다. 파도가 넘실거리는 정원에서 사위가 야외 그릴에 고기를 구웠다. 석양이 붉게 물든 바닷가에서 바비큐를 먹는다는 것은 낭만의 정취다. 와인까지 세팅해 놓은 사위의 마음이 느껴져 고마웠다. 아무렴, 고기에는 레드 와인이 최고라며 사위에게 엄지를 들어 보였다.

한 가지 빠진 것이 있다. 야채 없이 고기를 어떻게 먹을 수 있을까 하는 생각이 들어 마트에 샐러드를 사러 갔다. 진열장 안에는 여러 가지 야채가 접시에 포장되어 있었다. 그 옆에 보라와 흰색이 섞인 꽃목걸이가 실에 꿰어져 용기에 담겨 있었다. 딸에게 샐러드에 꽃을 섞어 먹자면서 하이파이브를 했다. 아주 근사한 상차림일 것 같다면서 모녀는 시시덕거렸다. 그때까지 우리는 좋았다. 야외식탁에 상을 차린 뒤 샐러드를 접시에 담는데 꽃이 없었다.

장모: 애, 꽃 어디 있니?
사위: 지금 쓰시게요?
장모: 그럼, 지금 먹으려고 사 왔는데.
사위: 예? 그걸 먹어요? 그거 먹는 것 아닌데요.
장모: 무슨 소리야? 그 꽃 먹는 거야 샐러드 냉장고에 있는 것 샀어.
사위: 못 먹어요. 히히.
장모: 자네는 음식문화를 잘 모르는 모양이네, 요즘 음식점에서 꽃으로 장식도 하고 식자재로 많이 쓰고 있어.
딸: 샐러드랑 같이 있었어. 이거 먹는 것 맞아!

샐러드 판매대에 있었기에 먹을 수 있다는 확신이 들었기 때문이다. 딸과 나는 꽃목걸이를 쥐어뜯어서 야채 가장자리에 소복이 담았다. 사위는 머리를 갸우뚱거리며 웃기만 했다.

딸은 엄마가 하는 말에 대꾸하는 남편이 거슬렸던지 꽃송이 하나를 냠냠 씹어 먹더니 마트로 달려갔다. 터벅거리면서 돌아오는 딸이 머리를 긁고 있다. 그 표정이 묘했다. 엄마가 하는 말은 한 번도 틀린 적이 없다는 맹신이 깨어지는 순간이었다.

수평선에 드리워진 노을보다 내 얼굴이 더 빨개졌다.

장모: 요새는 식용으로 먹는 꽃들이 많아서…. 자네 부모님한테는 말하지 말게나.

제2부

분이

꽃 속에 파묻힌 어머님이 웃고 계신다.
향년 100세, 상객들이 모두 호상이라면서 웃고
떠들썩하니 잔칫집을 방불케 한다. 너도나도 망자와
얽힌 추억을 회상하면서 술잔을 기울인다. 사진 속을 걸어
나온 어머님이 기웃거리며 자손들 이야기에 참견하고 다니시는 듯하다.
무연히 타고 있는 향불 연기 속에서 이태 전의 일이 떠오른다.

- 분이
- 송내골의 봄
- 11분
- 우리는 이방인
- 쇼당
- 무와 남자
- 변신은 무죄
- 팔랑귀
- GOD FIRST
- 금호피리
- 영무

분이

곱다. 꽃 속에 파묻힌 어머님이 웃고 계신다. 향년 100세, 상객들이 모두 호상이라면서 웃고 떠들썩하니 잔칫집을 방불케 한다. 너도나도 망자와 얽힌 추억을 회상하면서 술잔을 기울인다. 사진 속을 걸어 나온 어머님이 기웃거리며 자손들 이야기에 참견하고 다니시는 듯하다. 무연히 타고 있는 향불 연기 속에서 이태 전의 일이 떠오른다.

요양병원에 계신 어머님께 생신을 축하드린다면서 꽃바구니를 안겨드렸다.
"오늘이 이월 열사흘이냐?"
그 말씀에 깜짝 놀랐다. 머리끝이 치솟는 느낌이었다. 간간이 정신 줄을 놓으시더니 자식도 못 알아보고, 아득한 과거 속으로 묻혀 지낸 지 오래되었다. 자식들 얼굴도 못 알아보는 처지에 생일의 기억은 어디서 오는 걸까. 이월 열사흘은 어머님께 어떤 의미였을까? 단순한 본능일까, 해마다 추억된 학습의 기억일까? 이월 열사흘, 세상에 온 그날부터 버림받은 상처가 한 평생 자신을 지탱할 힘의 원천이었는지도 모르겠다.

어머님은 문맹이다. 그렇지만 일흔 살에 미국의 딸네 집에도 다녀오셨다. 미국까지 가는데 내 이름 석 자는 알고 가야지 하시면서 글자를 익혔다. 입국심사를 받을 때 서명을 해야 한다는 이야기를 듣고 어머님은 마음이 바빠졌다. 까막눈이 한이라면서 신문지 한 장에 이름 석 자를 빼곡히 연습했다. 평생 처음 잡아 보는 연필이었으나 어머님의 열정은 눈물겨웠다.

여장부이신 어머님은 더 넓은 세계가 궁금했다. 젊은 나도 도전하기 두려운데 노인이 어디서 그런 용기가 났는지 대단했다. 어머님의 미국행 준비를 하려고 시장에 다녀왔다. 고춧가루, 김, 멸치, 미역 등을 쇼핑백 가득 짊어지고 들어오는 나를 어머님이 반가이 맞으셨다. 연필로 머리를 긁으면서 신문지를 내미는 표정 속에 한숨도 끼어들었다.

"아가, 내 이름이 조금 다르지?"

신문지에는 '허분이'가 '허분10'이 되어 있었다. 우리는 웃다가 울다가 했다. 어머님의 배우지 못한 한이 안타까워서 울고, 그 열정에 감탄하여 응원하면서 웃었다. 그때부터 나는 장난삼아 어머님을 '허분10 씨!'라고 불렀다.

휴스턴으로 직항하는 비행기가 없었다. 요금이 저렴한 외국 항공사 비행기를 타고 일본에서 환승하는 일정이었다. 가슴에다 초보 여행자라는 표지를 달고 무사히 미국 땅에 도착한 어머님에게 한국의 가족들은 손뼉을 치고 안도의 숨을 내쉬었다. 어머님의 표현에 의하면, 같은 비행기 안에 탔던 노랗게 생긴 사람 뒤만 졸졸 따라다녔다고 했다. 이가 없으면 잇몸으로 살아야 한다는 그 말씀은 어머님의 생존 법칙이었다.

지혜롭고 명석하신 어머님은 미국에 살면서 에피소드를 여럿 만들었다. 노인끼리 당신 집의 차는 이름이 뭐냐고 묻는다면서 딸에게 우리 차 이름도 가르쳐 달라고 했다. 'Mercedes Benz'라고 말하자 어머님의 두뇌 회전은 빠르게 돌아갔다. '옳지 모서리를 돌아가면 변소가 있지.' 다음날 경로당에 가서 "모서리 밴소"라고 얘기했다. 그 소식을 듣고 가족들이 박장대소를 했다.

또 한 번은 옆집에 사는 미국 노인과 식사를 하게 되었다. 영어도 못하는데 자꾸 더 먹으라는 손짓을 하니 어머님은 진땀이 났다. 눈치를 챈 딸이 '아임 소 풀'이라고 가르쳐 주었다. 무릎을 탁 치면서 '맞아 암소가 풀을 많이 먹으면 배부르지.' 바로 "암소 풀~"이라고 하셨다.

어머님은 굳건했고 당당했다. 대농의 안주인으로 살아온 자신감은 옆에 있는 사람들을 주눅들게 했다. 시시한 남자는 저리 가라 할 정도로 쌀 한 가마를 거뜬하게 짊어지는 여장부였다. 치마를 입어서 여자이지 장정 몇 몫을 하셨다고 했다. 아들을 못 낳아서 소박데기가 된 친정 모친의 한이었고, 딸로 태어난 삶의 오기라고 할까.

어머님은 좋게 말하면 근검절약이 몸에 밴 분이었고, 흉을 보자면 지독한 구두쇠였다. 바느질도, 요리도 서툴렀던 신혼 초에 낡은 순모 티셔츠를 내 앞에 내놓으셨다. 의아해하는 나에게 팔을 잘라서 다리를 만들어 내복으로 입으라고 했다. 어떻게 할지를 몰라 친정엄마한테 가져갔다. 바느질을 잘하던 엄마는 단숨에 가위로 쓱 잘라내더니 윗도리로 아랫도리를 만들어 냈다. 저 시집을 어떻게 살까 걱정되는지, 엄마 눈에 이슬이 맺혔다. 대단한 어른이니 살림을 여물게 배우라고 일러주었다.

까막눈이었던 어머님의 생활 방식은 예술이었다. 하루는 금고를 열더니 몇 가지 문서를 보여주셨다. 놀란 입이 다물어지지 않았다. 집문서에는 용마루까지 얹어놓은 기와집이, 산 문서에는 어느 화백의 '바보 산수' 같은 그림이 봉투마다 그려져 있었다. 그뿐만 아니었다. 공과금의 영수증이 색깔별로 차곡차곡 정리되어 있었다. 노란색은 오물세, 파란색은 수도요금, 하얀색은 재산세. 어머니가 가꾸시는 지혜의 숲에는 부족한 것이 없었다.

십 년 전이었다. 성정이 차분하고 정갈한 어머님에게 인정하고 싶지 않은 사건이 자꾸 생기기 시작했다. 처음에는 성당에 다녀오시다가 길을 잃어서 경찰의 도움을 받았다. 하루는 화장대 위에 있는 클렌징크림 한 통을 다 먹어 치웠다. 종내에는 사람을 의심하는 수준에까지 이르더니 당신의 금브로치를 가져갔느냐고 나를 닦달했다. 자식들이 모두 놀라기는 했지만, 어머님의 병이 치매가 아니기를 바라면서 아무도 입밖에 내지 않았다. 결국은 대전에 사는 큰딸네 집에서 넘어져 고관절 골절이 되었다. 고령의 노인인지라 수술을 받은 후 자리에서 일어나지 못하고 점점 기억이 희미해지기 시작했다.

분이는 아들 못지않은 삶을 살았고, 소작에서 지주로 수성뜰을 자신의 땅으로 만들며 한평생 당당했다. 외아들인 신랑에게 시집와서 아들 여섯에 딸 둘을 낳아 시부모님께도 기쁨을 안겨 드렸다. 분이는 이제 세상일에 관심이 없다. 아기가 되어서 머리카락도 검은색이 더 많아지고, 눈빛도 초롱초롱하던 어머님이 하늘의 천사가 되었다.

백 년, 한 세기가 끝이 났다. 세기의 끝에서 나는 깊은 상념에 빠진다. 어머님께서 하신 말씀이 기억 속에 새겨져 있다가 새록새록 풀어 헤치고 나온다.

결혼 준비를 하는 나에게 예단으로 차렵이불 네 채를 더 얹어 오라고 하셨다. 궁금했지만 새색시는 시키는 대로 했다. 시집살이에 적응하느라 고달픈 어느 날 안방으로 어머님이 나를 불렀다.

아가, 음력 이월은 영등 할매가 오시는 바람달이다. 영등바람은 겨울에서 봄으로 넘어오는 절기에 북서풍이 몰아치는 사나운 바람이다. 그래서 이월에는 바람을 재워달라며 영등 할매와 해신에게 바치는 풍어제가 열린다. 여자가 바람달에 태어났으니 그 팔자가 오죽 드셌겠냐. 내 이름은 분이다. 울 어매가 지었다. 한자의 음이나 뜻도 없이 그냥 분해서 분이라고 지은 게지.

내가 울 어매 뱃속에 있을 때 누가 봐도 산모의 배가 남산만하고 뒤태가 두루뭉술해서 아들이라고 했다. 그럴 때마다 내 아배는 기분이 으쓱했단다. 들에 나갔다가 돌아올 때면 으레 주막을 들렀다. 요번에는 아들을 보겠다는 말이 아배를 들뜨게 했다. 조상님께 낯을 들게 되어 한시름 놓았다면서 발뒤꿈치를 들고 어깨춤을 추었다. 그날은 말만 잘하면 너도나도 막걸리 한 사발을 얻어먹었다. 사대 독자가 대를 잇게 되었으니 아배는 세상을 다 얻은 듯 신명이 났다.

어매의 몸에 산기가 왔다. 아배는 목욕재계하고 조상님께 고할 준비를 하고 있었다. 툇마루에 좌정하고 하마 소식을 기다렸다. 기대가 크면 실망이 더 큰 것일까. 머스마처럼 주먹을 불끈 쥐고 큰소리를 지르면서 태어난 아기가 가시나였다. 땅이 꺼지라 한숨을 쉬면서 애꿎은 담배를 쪽쪽 빠는 소리를 들으며 울 어매는 하늘이 무너지고 애간장이 다 녹았다고 하더라.

아들을 낳으면 끓여주려고 사다 놓은 북어를 아배는 다듬잇돌 위에다 놓고 팍팍 두드려 발기발기 째면서 욕을 했다. "아들도 하나 못 낳느니라고!" 그놈의 아들이 뭣인지, 점잖던 아배 입에서 오만가지 흉한 말이 튀어나왔다. 북어 대가리까지 오도독 소리가 나도록 씹으면서 막걸리 한 주전자를 댓바람에 비운 아배는 대문을 박차고 나가버렸다. 밤이 지나고 날이 새도 아배는 집에 들어오지 않았다. 어매는 퉁퉁 부은 몸으로 삽짝을 열고 고샅길로 나가 목이 빠지도록 아배를 기다렸제.

하루 이틀, 이제나저제나 기다려도 소식이 없었다. 꿈엔들 생각했으랴. 그대로 잠적한 것을. 며칠 있으니 고향 남산골이 휘딱 까뒤집어졌다. 동네가 난리 났니라. 우물가에서 떠드는 소리가 산모의 안방까지 들렸으니 얼마나 우세스러웠겠노. 어매는 죽고 싶었다더라. 까딱했으면 나도 어매도 이 세상 사람 아닐 수 있었다. 기가 막히제. 아배가 이웃 마을에 사는 아들 셋 낳은 여편네 손목을 잡고 멀리 달아났단다.

남의 집 행랑채에 곁방살이하던 그 집 여편네와 아배 사이에 모종의 거래가 있었는지는 아무도 모른다. 징글징글하게 없이 살다가 돈을 보고 팔자 고쳐먹었는지 누가 알겠냐. 아배에게는 남한테 꿀리지 않을 만큼 재산이 좀 있었단다. 아배는 대를 이을 씨앗이 그렇게 소중했는가 보더라. 나한테는 두 살 많은 언니 연실이가 있다. 첫딸이라 이름이 참하다. 겨우 딸 둘인데 조금만 더 기다려주지, 성질도 급한 기라. 내 이름은 저절로 이빨을 앙다물게 된다. 속상한 일이 생기면 내 이름을 불러본다. 분이! 그러면 웬만한 일은 다 잊어버리게 된다. 그것은 내 삶의 오기였다.

여자를 도둑맞은 여편네의 남자는 내 아배를 찾으려고 전국을 떠돌며 엿장수를 했다. 충청도 내륙 깊은 산골짝에 꼭꼭 숨어 사는 사람을 무슨 수로 찾아낼꼬. 그네는 전국 방방곡곡 삼 년을 찾아 헤매다가 파김치가 되어 고향 남산골로 돌아왔다. 술과 담배로 병이 든 남자는 얼마 못 살고 죽었단다. 그 집 아들 셋은 노모의 손에 크다가 뿔뿔이 남의 집 머슴으로 보내졌다고 하더라. 아들 못 낳아 소박데기가 된 어매 역시, 사람들 보기가 남세스러워 언니와 나를 데리고 살던 곳을 떠났다.

아배가 집과 전답의 문서를 다 들고 나갔으니 맨몸으로 돌아간 곳이 어매의 친정이었다. 딸년 둘 데리고 돌아온 친정이 뭐 그리 편했겠노. 남의 집 행랑채에 들어 품앗이하면서 근근이 목구멍에 풀칠만 하고 살았다. 먹고 살기가 힘든 어매는 열네 살 먹은 언니를 시집보낸 후 아홉 살짜리 나를 데리고 자식 없이 홀아비가 된 남자를 만나 새로운 가정을 꾸렸다. 하늘이 무심하지 않았는지 재가한 어매는 내리 아들 둘을 낳아 한을 풀었다. 조그만 고추에서 오줌 나오는 것이 참 신기하더라. 나는 너무 좋아서 그 남동생을 등에서 내려놓지를 않았다. 어매는 매일 들에 나가고 고추 달린 동생 둘을 내가 업어 키웠다. 내 나이 열여덟에 가마 타고 시집가는데 동생들이 문 앞까지 뒤따라와서 울고불고 했다.

 나는 내 이름값을 하고 사느라 이를 악물고 살았다. 경산 솔정 고개 넘어 덕산에서 대구 하동으로 시집왔다. 그때부터 택호가 '덕산댁'이 되었지. 커다란 기와집에 부칠 논이 서너 마지기, 채소를 갈아먹을 밭떼기가 몇 마지기 있는 집이었다. 인물이 둥실한 보름달같이 생겨서 덕성스럽다는 소리를 사람들한테 많이 들었다. 그런데 신랑이 삼대독자라고 하니 아득하더라. 내 어매처럼 소박맞지 않을까 조바심이 났다. 역시 나는 분이가 맞다. 천지신명이 내 분을 풀어주었는지, 용을 쓰지 않아도 아들을 술술 여섯이나 낳았다. 친정 어매가 얼마나 좋아하던지. 아들에 포원 진 어매한테 기를 살려 준 셈이다.

 아배가 집을 나간 지 스물다섯 해가 되던 어느 날, 젊은 총각 둘이 찾아왔다. 어떻게 수소문해서 내가 사는 곳을 찾았는지 아연실색했다. '김해 허 씨'며 동생이라고 했다. 온몸이 벌벌 떨렸다. 기가 막히고 분한 생각이 들어서 당신들을 모른다고 문전박대를 했다. 세상에 태어나서 한 번도 얼굴 본 적 없는 아배가 먼 발치에 서 있었지만, 대문을 닫아걸고 바닥에 퍼질러 앉아 엉엉 소리 내어 울었다. 아배고 뭐고 생각나는 대로 대놓고 욕을 퍼부었다. 내버릴 때는 언제고 무슨 낯짝으로 찾아왔느냐고 소리를 질렀다. 아배는 미웠지만, 핏줄이 무엇인지 훤칠하고 예의 바른 동생들이 궁금했다. 대문에 옹이 빠진 구멍으로 바깥을 살며시 내다보았다. 진짜 동생이구나 하는 생각이 들더구나. 희한하제. 업어 키운 동생보다 핏줄이 같은 아배의 아들에게 마음이 자꾸 끌리더라. 그들은 사흘을 여관에 머물면서 우리 집에 매일 찾아왔다. 대문 바깥에서 아배가 용서를 청했다. 죽기 전에 동생을 인사시키려고 왔다는 소리에 내 마음이 무너졌니라.

고집을 부리며 버텼지만, 관솔 구멍으로 바깥을 훔쳐보는 내 마음을 눈치 챘는지 신랑이 대문을 활짝 열었다. 희한하더라. 내 아배를 안방으로 모시고 절을 넙죽 하는 신랑이 그렇게 고마울 수가 없었다. 피는 물보다 진하다는 말이 맞는가 보더라. 어매가 낳아준 동생은 사랑과 보살핌으로 키웠고, 아배가 낳은 동생은 생면부지였는데 자꾸 그 동생들에게 정이 쏠리더구나. 신랑은 삼대독자다. 친척이 없다가 진짜 장인과 처남 둘이 새로 생겼다고 억수로 좋아했다. 핏덩이에게 눈길 한 번 주지 않고 떠난 아배가 조상님 볼 면목이 생겼다면서 뻔뻔스럽게 눈물을 흘렸다. 나도 자식을 낳아보니 그 마음 이해가 가더라. 좀 복잡하지만, 아배와 어매가 낳은 남동생이 넷이나 된다. 잘 알아 들었제. 아가, 여기까지가 차렵이불 속사정이다.

백 년 전 어머님이 태어난 시절은 남아선호사상이 유별난 시대가 아니었던가. 오로지 대를 잇겠다는 염원으로 조강지처를 버린 아배의 양심도 고달팠으리라. 그리하여 열매를 얻은 그 씨앗은 또 씨를 뿌리고 지구가 존재하는 한 계속해서 씨를 남길 것이다.

　아가, 또 한 가지 말할 게 있단다. 분하다. 부끄럽지만, 내가 낳은 자식 여덟에 들여온 피붙이 하나 보태서 내 밑으로 모두 아홉 자식이 있다. 부산에 사는 시누이 말이다. 왜정시대 때 종로에서 빠찡꼬를 할 때였다. 셋째를 낳고 가게에 못 나가게 되어 사람을 하나 두었단다. 청소도 하고 계산도 하라고 들여온 처녀가 네 시아버지와 배가 맞았다. 한 치도 의심 없이 지냈는데 주위 사람들의 수군거리는 소리가 자꾸 내 귀에 들렸다. 사람들이 귀띔을 해줘도 설마 그럴 리가 없다고 믿지를 않았다. 그런데 어느 날, 입성이 초라한 여자가 찾아왔다. 안방으로 들어온 여자가 대뜸 내 앞에 무릎을 꿇었다. 처녀의 모친이었다. 딸이 이 댁의 핏줄을 낳았는데 산바라지 할 돈이 없어서 찾아왔다고 했다. 그 소리를 듣고 억장이 무너지더라. 당장 나가라고 소리 지르며 쫓아냈다.
　괘씸하고 분했지만, 같은 여자의 입장에서 생각하니 마음이 흔들렸다. 모친을 보니 막되어 먹은 사람은 아닌 것 같았다. 그 여자의 집을 수소문해서 산모가 먹을 미역과 쇠고기 그리고 쌀 세 가마니를 소달구지에 싣고 찾아갔다. 황천동 찌그러진 움막에 모녀가 살고 있더라. 산바라지가 시원찮아서인지 누렇게 뜬 얼굴을 한 젊은 년이 아이를 안고 있었다. 그래도 염치가 있었던지 내 앞에 다소곳이 큰절을 하더구나. 두 집 살림을 차릴까 덜컥 겁이 나더라. 자식들이 올망졸망 자라고 있는데 이 일을 어찌할까, 앞이 캄캄했다. 하지만 겉으로는 태연한 척했다.

"너나 나나 팔자가 사나워서 인연이 이렇게 되었구나. 어서 몸이나 추슬러라."

그 말만 하고 집으로 왔다. 집에 와서 영감한테 한 마디도 추궁하지 않았다. 그때는 웬만큼 돈 있는 남자들은 첩실 하나쯤은 두고 사는 시절이었다. 더 험한 꼴 보지 않으려면 참아야 했다. 아예 대놓고 살림을 차린다면 어떻게 할 것인가 하는 생각이 들었다.

몇 달이 지난 뒤 젊은 년의 모친이 강보에 싸인 아이를 안고 찾아왔다. 야단을 치고 머리카락을 쥐어뜯을 줄 알았는데 점잖게 돌아왔으니 미안했던 모양이다. 어찌나 가슴을 치면서 울던지 나도 같이 울었다. 나도 자식 키우는 어미이니 말하지 않아도 그네의 심정을 이해하겠더라. 너그러운 마음으로 대해주니 몸 둘 바를 모르겠다고 다시는 얼쩡거리지 않겠다고 했다. 부잣집 겨드랑에 붙어 팔자 좀 고쳐보려고 하다가 제풀에 꺾인 게지. 젊은 년의 모친은 딸을 다른 데로 시집보내겠다고 손바닥을 비비면서 약속했다. 인생이 불쌍하더라. 그래서 돈을 좀 마련해서 건네주었다.

　그 후 소식은 젊은 년이 폐병에 걸려서 죽었다더라. 옥이는 내 자식으로 호적에 올리고 키워서 시집보냈다. 키운 정도 정이더라. 낳지 않았지만 내 손으로 키운 딸이니 똑같은 자식이다. 옥이가 고등학교를 졸업하고 바람이 나서 집을 나갔다. 그런데 옥이 팔자도 기가 막힌다. 초가을이었는데 웬 총각을 하나 데리고 왔다. 배는 불룩하고 옷도 없는지 여름 반소매를 입고 벌벌 떨면서 둘이 왔더라. 동네 사람 알까봐 얼른 끌고 들어와서 옷을 입히고 집에 재웠다. 한 달간 데리고 있다가 결혼식을 올려주었는데 옥이는 그 이후로 친정에 발길을 끊었제. 지지리도 없는 남자를 만나서 고생을 푸지게 한다고 소문에 들리더라. 아가, 남자들은 마음에 정분이 나서 색을 탐하기보다 본능이 앞서서 저지른다고 한다. 너도 살면서 이런 일이 있을지 모른다. 그럴 때는 슬기롭게 대처해야 한다. 그 아비 핏줄이니 어련하겠냐. 내 한평생 그런 염려하면서 살았다.

　삼대독자 집안에 아들을 여섯이나 낳아주었는데 나한테 소홀히 해서야 되겠냐. 외아들로 자란 영감은 자신밖에 몰랐다. 맛난 음식, 좋은 옷, 대접받는 것 좋아했다. 돈 잘 쓰고 술 잘 사기로 소문난 사람이다. 용두방천에 보를 막는 일에도 한밑천 갖다 넣었다. 사람들이 추켜세우면서 잘한다고 하면 정신을 못 차렸다. 징, 북, 장구, 꽹과리. 사물놀이는 둘째 가라면 서러워할 한량이었다. 기생집에는 오죽 들락거렸을까. 알고도 모르는 체, 들어도 귀머거리로 살아야 했다. 그뿐 아니다. 말로 어떻게 다 하겠노. 글을 쓸 수 있다면 책 한 권은 넘을 게다.

집안 큰살림에 자식은 많지, 들어갈 돈이 만만치 않았다. 나는 세상일에 촉이 빨랐다. 어떻게 하면 돈을 벌 수 있을까? 궁리하던 중에 집안 아저씨가 돈 넣고 돈 먹는 빠찡꼬를 소개했다. 뭣인지 잘 모르면서도 돈이 된다는 소리에 구미가 당겼다. 돈 벌어서 땅 사고, 밭 샀더니 부동산이 자꾸 불어나더라. 친정 아배가 가지고 떠난 전답 문서가 생각이 나서 그랬다. 요샛말로 하면 트라우마라고 하제. 비옥한 수성 뜰이 전부 내 것이 되더구나. 돈은 내가 벌었는데 일일이 영감한테 말하고 타 써야 하려니, "나 원 참 더러워서." 금고에 돈을 꽉 채워놓고 혼자만 야금야금 썼단다.

신명 많고 흥이 많은 영감은 인기가 있었다. 인물 좋고 기운 좋아 전국 씨름대회에서 황소를 두 번이나 탔다. 왜정 때 일본 순사를 개 패듯이 패준 적도 있다. 쥐뿔, 애국자인 척 주먹 들고 여기저기 뛰어다니기도 했다. 못마땅한 것이 한둘이 아니지만, 그래도 살 부딪히고 사는 영감인데 어쩌랴. 고추를 못 달고 태어나 버림받은 한이, 나를 억세고 강하게 했는지 모른다. 분함에서 너그러움도 같이 습득한 모양이다.

내가 평생 살면서 영감한테 딱 한 번 두들겨 맞은 적이 있다. 홀시어머니에 외동아들은 상대하기 어려운 존재다. 내가 아무리 잘해 드리려고 노력해도 흠잡고 삐치는 시어매를 감당하기 힘이 들었다. 청상에 혼자 되어서 아들 하나 믿고 살았으니 며느리는 안중에도 없었다. 동네에서도 게살궂은 어른이라고 소문이 났더라. 이웃집 제삿날은 어찌나 여물게 기억하고 있는지 그것도 의문이더라. 음복하러 오라는 기별이 없으면 뒷짐 지고 제사 지낸 집 앞에 얼쩡거리면서 잔소리를 했다. 진중하지 못한 어른 때문에 남세스러운 것 말도 마라.

동이 트면 들에 나가 해거름까지 흙투성이가 되어 돌아오면 부엌이 싸늘했다. 불이나 때놓고 가마솥에 물이나 한 솥 끓여놓으면 좀 좋을까. 아랫목에 드러누워 내다보지도 않았다. 허둥대며 저녁을 준비하는데 밥상 올리지 않는다고 구시렁거리더라. 피우던 장죽을 재떨이에 탁탁 치는 소리가 나면 성질났다는 신호다. 속에 천불이 나지만 어른이라 어쩌지 못하고 입을 다물었다. 그랬더니 어른 말씀 하시는데 대답하지 않는다고 고래고래 악을 지르더라.

마침 영감이 집에 들어오다가 그 소리를 들었다. 앞뒤 경우도 살피지 않고 부엌으로 쫓아와서, 들고 있던 삽을 나한테 던졌다. 아궁이 앞에 앉아 불을 때고 있었는데 피할 겨를이 없었다. 말도 마라, 머리를 맞았는데 피가 분수처럼 뿜어져 나오더라. 오기가 발동했지. 이놈의 집구석 제대로 버릇을 고쳐야겠다는 생각이 났다. 피가 얼굴로 타고 흘러내려도 꼼짝 않고 노려보았다. 영감이 오히려 놀래서 피를 닦아주고 난리가 났다. 그 시절에는 병원은 생각도 못 할 때였지. 된장 한 덩어리를 퍼와서 머리에 싸매주더라. 자식들은 울고불고 집안이 한바탕 시끄러웠다. 그때 영감이 세상에 태어나서 처음으로 내 앞에 무릎 꿇고 빌었다. 지금 생각해도 그 짓은 잘했던 것 같다. 분이 좀 풀리더라. 여자라고 숨도 못 쉬고 살아서는 안 된다. 옳은 일은 끝까지 옳다고 해야 한다. 알겠느냐.

뙤창으로 바깥을 살피던 시어매는 놀랐는지 다음부터는 별나게 닦달하지 않았다. 나중에는 노망들어서 벽에 똥칠까지 했다. 똥 수발 삼 년을 시키더니 북망산천으로 떠나셨다. 나는 며느리한테 시집살이 시키지 않겠다고 그때 맹세했었다. 자식들이 그때 놀래서 아직 제 마누라 두들겨 팬다는 소리는 들어보지 못했다. 너그러운 시어미가 되려고 나도 숱하게 노력했지만, 며느리들은 섭섭한 것이 있었을지도 모르지. 너도 내가 잘못한 것이 있으면 용서해다오.

아가! 아들 많이 낳은 내가 보속할 일이 많다. 하나같이 제 아비 닮아 성질 급하고 힘이 불쑥거리니 감당하기 힘들었다. 아들놈들 전부 정관수술 시킨 것도 이유가 있었니라. 아랫도리 힘까지 불쑥거려 바깥에서 씨앗 받아올까 봐 애면글면 살았니라. 그래도 내가 누구냐. 천하의 '허분이'다. 하나도 삐뚤어지지 않고 제 몫을 하면서 살도록 키웠다. 가지 많은 나무에 바람 잘 날 없다고 하더니, 이놈을 다스리면 저놈이 껄떡거리고, 말도 마라. 첫째와 둘째는 점잖고 심성이 곱다. 셋째부터는 일일이 말하지 않아도 알제? 돈푼깨나 있고, 사는 것이 번듯하니 자식들이 세상 있는 폼은 다 잡고 다녔다. 잘생긴 내 아들들 대구 시내를 주름잡았니라.

부모가 돈 벌었는데 쓰는 놈은 따로 있더라. 힘자랑하는 저거 아버지를 닮아 건들거리고 다녔다. 주머니에 손 빠르게 넣어 돈 쓰는 시늉은 어찌 그리 빼다 닮았는지 하나같이 다른 사람이 돈 내는 꼴은 못 본다. 돈 먼저 내는 놈이 잘난 놈이라고 생각하는지, 나 원 참. 그 꼴 보는 내 심정은 속에서 쓴 물이 올라오더라. 손톱 밑이 여물도록 살았는데 내 고생을 자식들은 아무도 모른다.

재산을 억척같이 끌어 모은 것은 이유가 있다. 천석꾼 만석꾼이 되어서 아배한테 복수하고 싶었지. 아들만이 집안의 대를 이어가고 가문을 빛낸다는 것은 오산이다. 아배의 아들인 '허 씨' 성을 가진 동생들이 내 돈을 빌려갔지만, 꿀꺽 삼킨 것도 제법

있다. 나는 치마를 둘러 여자이지 남자가 하는 일은 모두 해내었다. 사람들이 나더러 여장부라고 하더라. 신랑도 데데하게 놀면 한마디로 매조졌다.

"달고 있으면 뭐 하노? 남자 행실을 제대로 하시오!"

하고 호령을 했다.

산을 하나 넘으면 강이 나오고, 그 강 건너면 또 더 큰 산을 넘어야 하고, 한 고비 두 고비 겪어낸 세상살이 고달팠다. 나도 어지간 하제. 왜정시대를 살아냈고, 광복과 6.25동란을 거치며 시대의 격랑을 다 헤쳐나왔다. 까막눈이 한이 되었기 때문에 기를 쓰고 옆 가지에서 싹이 튼 자식까지 모두 고등교육을 시켰다.

옛날에 우리 집이 대봉동 미군 부대 곁에 있었다. 영어를 배운 첫째와 둘째가 미군 부대에 취직해서 우리 집에는 미제물건이 풍족했다. 그것도 은근히 자랑스럽더라. 아마 좀 우쭐거리기도 했을 것이다. 햄, 커피, 맥주. 꼬부랑글자가 적힌 상품을 대청마루에 있는 자개 찬장에 넣어놓고 좋아했지. 냉장고가 많이 없던 시절에 도시바 냉장고가 우리 집에 있었다. 사람들이 부러워했지. 못 배운 내가 할 수 있는 것은 돈 자랑밖에 할 수 없더구나.

자식 여덟 키우는 동안 내 속을 제일 많이 긁은 자식이 일곱째 네 신랑이다. 내 복사뼈가 왜 이리 딱딱하고 굳은살이 두꺼워졌는지 말해줄까. 그놈은 나가면 사고를 쳤다. 누구를 두들겨 패든지, 야간통행 금지에 걸려 파출소에 있든지. 하이고 몸서리난다.

경찰차가 사이렌을 울리면 또 우리 아들이라는 생각이 들어서 무릎 꿇고 성모님께 기도했다. 아무 일 없게 해달라고, 우리 아들 지켜달라면서 등짝에 땀이 물처럼 흘러내릴 때까지 온 힘을 다해 기도했다.

 내 기도 덕분에 그놈이 그래도 인간 구실했다. 저놈 철들 때까지 꿇어앉은 내 복사뼈가 이렇게 흉하게 되었다. 아가, 한 번 봐라. 거북이 등가죽 같제? 그래도 그놈이 제일 효자이기는 하지. 못생긴 나무가 산을 지킨다고 하지 않더냐? 전부 서울로 떠났지만 일곱째는 나랑 살았잖아. 사고를 치면, 감옥 보내지 않으려고 합의금으로 들어간 돈이 집 세 채쯤 된다.

 사람 됨됨이만 그릇되지 않는다면 그다지 살아가는 데 문제 삼을 일은 없지 않으냐. 범죄자의 신원을 조회하면 빨간 줄이 그어진다고 하더라. 그놈의 빨간 줄이 자식 인생 갉아 먹는 줄 알고 애간장 태운 것 생각하면 지금도 소름이 돋는다. 대마초 사건이다.

 얼뜨기 같은 놈이 제 이모집에 가서 사고를 쳤다. 소죽 끓이는 아궁이 벽에 삼이 걸려 있는 것을 보고 이거 뭐냐고 물었다. 이모가 '대마초'라고 말한 것이 화근이 되었다. 그놈이 이모 몰래 한 줌 떼어 갔니라. 참 시건 없제. 시내에 돌아다니는 껄렁한 친구들에게 보여주면서 우리 이모집에 대마초가 있다고 속닥거리며 자랑을 했단다. 그놈이 한창 담배에 맛을 들일 때였다. 패거리들과 삼이파리 한 줌을 양담배 한 보루와 바꾼 것이다.

　못난 놈, 제 신세 망칠 줄 모르고. 한창 연예인이 대마초 사건에 연루될 때였지. 그놈들이 봉덕동에 있는 봉봉여관에서 대마초를 빨다가 인검 나온 경찰에게 들켜버렸다. 저희만 붙잡히면 될 것을 일곱째 이름을 불어서 순경이 찾아왔다. 그때는 심문과 고문이 심했다고 하더라. 말도 마라. 순경이라는 신분증을 보여주는데 내가 알기나 하나? 이 또한 무슨 일인고 싶어서 얼마나 떨었던지, 아래턱이 얼얼하더라.

　이모집 툇마루에 서면 범물동 종점이 보인다. 순경을 앞세우고 멀리서 걸어오는 모습이 일곱째 같다고 우리 집에 전화가 왔더라. 자초지종 이야기할 새도 없이 빨리 삼을 태우라고 내가 소리를 질렀제. 이모는 기함하고 삼을 걷어서 쇠죽 아궁이에 쑤셔 넣었다. 수갑에 채여 골목에 들어오는 것을 본 이모는 온몸이 삼발이 사발이 떨려서 서 있을 수가 없었단다. 순경이 다짜고짜 삼을 내놓으라고 소리 지르길래, 소가 설사를 해서 삶아 먹였다고 했다. 조카가 물어서 "대마초"라고 한 것이 잘못이니 선처해 달라고 손발이 닳도록 빌었다. 잘못하면 이모도 잡혀갈 뻔했다.

　대학생이었으니 감옥에 가면 장래도 문제가 되겠지만 가문의 똥칠이었다. 그놈을 빼내려고 여러 군데 줄을 대느라 집 한 채가 또 들어갔다. 그뿐만 아니다. 다른 자식들한테 말 못한 사건도 수두룩하다. 좀 미안하기도 하지만, 내가 번 돈으로 해결했으니까 괜찮다.

 아가, 내 인생에 눈앞이 아찔한 일이 있었다. 천주님을 믿지 않았으면 집안이 풍비박산 될 뻔했다. 빙의라고 했는지, 무병이라 했는지 잘은 모르겠다. 병명도 없이 내가 많이 아팠다. 점을 보고 굿판을 벌여도 소용이 없었다. 자식은 줄줄이 있고, 걱정이 태산이었다. 돈이 있어도 고치지 못하는 것이 무병이다. 조선천지 용한 의원을 다 만나서 진맥을 해도 내 병을 알아내지 못했다.

 먼 일가 중에 점바치가 하나 있다. 그 사람이 내 꼴을 보고 신우대를 잡아야 한다고 했다. 무슨 말인고 하면, 신내림을 받으라고 했느니라. 기가 막혔다. 아무리 생각해도 나 살자고 자식들 앞을 가로막아서야 되겠냐. 무당 새끼 만드는 것은 절대 못할 일이었다. 차라리 그냥 죽겠다고 버티었다. 온몸이 퉁퉁 붓고 물 한 모금도 마시지 못했으니 산 사람 모습이 아니었다.

 하루는 옆집에 사는 노인네가 소문을 듣고 찾아왔다. 성당에 가서 천주님을 믿으면 병이 낫는다고 했다. 용하다는 의원은 다 찾아다녀도 병명도 모르고 낫지를 않았는데 긴가민가했다. 우리 집은 사대 봉제사를 지내는 집이다. 성당은 제사도 지낼 수 있다는 소리에 영감의 귀가 번쩍 띄었다. 마지막으로 한 번만 더 속아보기로 마음먹고 옆집 노인네를 찾아갔다. 그 양반이 매일 삼덕성당에 나를 데리고 갔다. 만신창이가 된 몸은 걸을 수가 없어서 소달구지를 타고 갔다. 글도 모르는 내가, 귀로 듣고 입으로 달달 교리문답을 외웠다. 기도를 어떻게 하는지도 모르면서 살려만 주시면 가족들도 모두 천주를 믿게 하겠다고 빌었다.

일 년을 다니다가 세례를 받았다. 죽음을 각오하고 매달린 기도를 하늘이 들어주셨지. 그날 기적이 일어났느니라. 집으로 오는 도중에 치맛말기가 스르르 풀어졌다. 참말로 놀랍제. 붓기가 있던 몸에서 물이 쏟아져 나왔다. 다 쏟아냈다. 오줌을 싼 줄 알았다. 어디서 그 많은 물이 나왔는지 알 수 없었다. 천근만근 무겁던 몸이 가벼워져서 사뿐사뿐 걸어서 집에 왔다.

그 물은 눈에서도 흘렀다. 집으로 돌아오니 식구들이 도대체 무슨 일이 있었느냐고 벌린 입을 다물지 못했단다. 저승 문 앞까지 간 사람이 천주님의 은총으로 살아났으니 어찌 기쁘지 아니하겠느냐. 그때부터 가족들이 모두 성당에 다니기 시작했다. 천주님을 믿고부터 우리 집안이 평안했다. 영감도 세례를 받고 대봉성당 전교 회장까지 했단다. 이날까지 내가 성당에 하루도 거르지 않고 가는 이유다. 참 많은 축복을 받았다. 아가, 매일 감사기도를 잊지 말아라. 너도 세상을 살다 보면 순간순간이 주님의 안배하심이라고 믿게 될 것이다.

여자 팔자 뒤웅박 팔자라고 하더니 하나도 틀린 말이 아니다. 한 번 그릇되면 헤어 나오기가 어렵다고 했다. 아배한테 버림받고, 이를 악물고 독하게 살았더니 신랑이 엉뚱한 짓을 했다. 또,

자식들은 별수 있겠냐. 부모가 밑거름 되어 준 것을 아느냐 말이다. 저 혼자 잘 자란 줄 알고, 머리 굵어지면 부모를 헌신짝 버리듯 관심도 없다. 손가락 마디마디 굽어지고 등이 휘어진 것을 나이 먹어 그렇다고 뒷집 개 짖는 소리로 듣고 있으니.

  내 한세상 살아온 것을 뒤돌아보니 바들바들 떨면서 보낸 시간이 분하다. 버림받아 분해 떨고, 아까워서 바들바들 떨고, 늙어 기운 빠져 부들부들. 한 걸음 옮길 때마다 떨고 살았다. 이제는 저승 가서 지은 죄 심판받으며 두려움으로 바들바들 떨겠제. 그래도 할 말은 하고 가야겠다. 그 많은 재산, 자식들 나눠주고 달랑 요양병원 침상에 누운 것이 내가 가진 전부구나. 빈손이다.

  촛불이 바람에 살랑거린다. 오늘이 시월 열사흘이구나. 오곡백과가 무르익는 풍요로운 계절이다. 좋은 때, 좋은 시절에 가겠다고 했더니 내 기도를 들어주신 모양이다. 이승의 끝자락에서 작별 인사라도 하고 싶었는데 신새벽이라 아무도 없더구나. 자식들은 한 놈도 보이지 않고 불러도, 목이 쉬도록 불러도 대답이 없었다. 날 데리러 온 사람이 문밖에 서 있더라. 할 수 없이 입고 있던 껍데기를 벗었다.

  아가, 욕심 내려놓고 미운 사람 용서하며 맺힌 것 풀면서 살아야 한다. 나도 돌아보니 전부 욕심이었다는 생각이 든다. 지독하게 자린고비로 살았다. 아귀같이 모은 것이 아까워 이웃을 위해 자선도 한 적이 없구나. 비렁뱅이로 사는 이들을 보면 게으른 사람이라고 욕이나 해댔다. 그 사람 안의 고통을 바라볼 줄 몰랐다. 악은 선을 이기지 못한다는 것을 명심하고 사람을 선하게 대하여라.

　사람 밑에 사람 없고 사람 위에 사람 없다. 모두 평등하다는 말은 수평을 유지하라는 말이다. 내 가슴에는 멍이 많다. 이제 생각하니 분하다고 하는 것은 억울하고 분한 것이 아니라 모르고 살아 온 것들의 잘못을 말한다. 깨달음을 거울삼아 제대로 한 번 살아보려니 갈 길이 바쁘구나. 저기 하늘에서 빛이 보인다. 너도 네 속에서 함께 살아가는 또 다른 너를 잘 보듬어 주어라. 너는 후회 없이 살기를 바란다. 사랑한다, 아가.

　어머님, 저도 할 말이 많아요.
　최영 장군의 후손이며 뼈대 있는 가문에 시집온 것을 감사하고 있습니다. 특히 천주님을 믿고 사는 집안이라서 제게는 축복이있시요. 신앙이 같은 사람끼리 산다는 것은 최고의 행복이지요. 저의 가문도 만만치 않습니다. 순교자의 후손이니까요. 친정어머니도 사위 될 사람이 천주교 신자라는 사실에 흡족했답니다. 어머님을 처음 뵙던 날이었지요. 식사하면서 성호 긋는 제 모습을 보면서 흐뭇한 웃음을 지으셨잖아요. 십자성호로 우리는 인연이고, 꼭 만나야 할 사이였던 것 같아요.
　저는 가난이 싫어서 부잣집에 시집가리라 꿈꾸었으며, 시대를 앞서가는 짝을 만나리라 벼르며 나의 망상은 시끌벅적 끝이 없었지요. 어머님의 살가운 일곱째는 멋진 남자였고, 저에게 세상 좋은 것은 다 해줄 수 있는 든든한 버팀목 같았어요. 화려한 미끼를 덥석 물고 낚싯대에 낚였지요. 망상에 빠져 살았으니 사리 분별이 없음은 당연한 이치였답니다. 겉치레에 콩깍지가 씌어 아무것도 보이지 않았어요. 부잣집 아들에다가, 사업을 하고 있었으니 더 바랄 것이 무엇이겠습니까? 팔 남매의 일곱째 아들이라 더더욱 날개를 달았지요. 어머님, 사실은 비둘기 둥지 같은 곳에서 저희 둘만 사는 줄 알았답니다.

꿈은 그냥 꿈일 뿐이었습니다. 꿈에서 깬 현실은 냉엄했어요. 다른 형제들은 다 출가하여 나가고, 시동생은 서울에서 공부하고 있었기에 시댁에 들어와 살아야 한다고 했지요. 싫다 하지 못하고 저 스스로 호랑이 굴로 들어갔으니 어리석었지요. 어머님 당신은 호랑이같이 무서웠어요. 살아온 환경이 다르고 살림도 할 줄 모르는 얼뜨기가 그 굴에서 삼십 년을 살았지요. 이제야 말하지만, 그동안 흘린 눈물은 잴 수가 없고, 속으로 삼킨 울음만도 한 드럼은 될 거예요.

시집살이가 그리 녹록하지 않았습니다. 어머님도 잘 아시잖아요. 고생 모르고 살아온 당신의 아들은 씀씀이가 헤펐지요. 아버님을 그대로 **빼닮았다**고 하셨잖아요. 좋은 옷을 입었고 맛난 음식만 먹으면서 뭐든지 최고만 하고 살았던 일 다 기억하시지요?

어머님은 언제나 아들 편만 들었잖아요. 성씨가 높을 최崔 씨라 그렇다고 했지요. 뻔쩍뻔쩍한 야마하 오토바이를 타면서 천지를 모르고 까불다가 결국 쪽박 신세가 되고 말았지만요.

어머님, 저도 마음고생을 꽤 했습니다. 잘난 시댁과 잘난 남편에게 눌려 기죽고 풀 죽어 살았지요. 멍청하다는 소리를 듣지 않으려고 몸도 마음도 바쁘게 움직였습니다. 다른 사람이 볼 때는 제 일상이 편안해 보였겠지요. 물 위에 뜬 백조는 아름답지만, 물속에서 갈퀴를 바쁘게 움직여야 산다는 말도 있지 않습니까? 긴장의 연속은 연하고 부드러운 저의 속성까지 사라지게 했습니다.

이를 악물고 살아온 세월은 현실에 순응하는 생존 법칙이었겠지요. 현실은 고까웠지만, 스스로 단련시켰답니다. 마치 대장간에서 불에 달군 쇠를 망치로 두드리고, 찬물에 담그고 또 달구기를 반복하며 담금질하는 것처럼 그렇게 살았어요. 달군 쇠가 물에 들어가면 '찌직' 소리를 내지만, 그마저도 참았다니까요.

참고 살아온 수십 년이 헛것이 아니었습니다. 적당히 혼쭐도 나고 지청구 들으며 야물게 다져졌지요. 일 못 하는 며느리를 가르치고자 하는 어머님의 꾸짖음은 서럽고 야속하기까지 했다니까요. 소고깃국을 끓이면서 "파는 몇 센티로 썰어야 할까요?", "물은 몇 컵을 넣고 끓일까요?" 이 정도였으니 답답하기도 하셨을 것입니다. 그뿐만 아니었지요. 여자가 신경 써야 할 이불 홑

청 푸새도 잘 하지 못했잖아요. 눈치채셨지요? 땅이 꺼질 듯 내쉬는 어머님의 한숨 소리가 들리면 오금이 저려, 하던 일도 덤벙거렸습니다. 쏟고, 깨고, 태우고. 일도 제대로 배우지 못하고 시집을 왔느냐면서 노골적으로 친정어머니 원망까지 하셨잖아요.

그래도 어찌하겠습니까? 눈물을 달고서도 "죄송해요, 다음엔 잘하겠어요." 하면서 애교를 떨었지요. 어머님 기억나십니까? 살살 웃고 살았더니 노여움도 타지 않는다면서 모자란다는 소리까지 하셨잖아요. 어머님께 사랑받고 인정받고 싶어서 정신도, 육체도 고단하게 살았어요.

어머님, 한 가지만 물어볼 말이 있어요. 미국에서 시누이가 친정에 다니러 왔을 때 저더러 부엌으로 들어가 문을 열라고 하셨잖아요. 연탄가스 냄새가 난다면서 저를 먼저 떠밀었어요. 그때 속상했어요. 나도 우리 엄마한테는 귀한 딸인데 당신 딸만 귀할까 생각이 들더군요. 차라리 그때 나이 많은 내가 먼저 들어가야겠다고 하셨다면 제가 그냥 있었겠습니까? 나중에 생각해보니 멀리서 온 손님이라 그럴 수밖에 없었으리라고 이해했지요. 그러나 아직 그 응어리가 남아있어요. 저는 그렇게 살지 않으려고 마음 속으로 다짐을 했답니다. 일일이 말을 다 할 수 없지만, 삼십 년 동안 어머님 모시고 살면서 비 오고, 눈 오고, 바람 불던 날 무수히 많았지요. 그런데 고초 당초 시집살이 서러움은 간곳없고, 지금은 아련한 그리움만 남았어요.

친정에서 자란 햇수보다 어머님과 살아온 세월이 더 길었잖아요. 타박도, 투정도 조금씩 도타운 정으로 이어졌지요. 어느 날부터 제가 어머님을 엄마로 불렀잖아요. 고부간이 아니라 모녀가 된 것이지요. "네가 천심이구나." 하는 소리를 듣던 날 세상이 다르게 보이고, 자신감도 생겼습니다. 딸처럼 생각하시고, 사랑하는 마음 다 알기에 제가 달라질 수 있었을 겁니다.

어머님, 당신의 손자가 스무 명이 넘지만, 손수 키우신 우리 아이들을 특별히 귀히 여겨 주셔서 감사합니다. 어머님과 함께 강산이 세 번이나 변하도록 살았네요. 긴 세월이라지만, 짧은 순간이 지나간 듯합니다. 원망이나 미운 감정은 어디로 갔는지 사라지고, 잘못한 것들이 꾸역꾸역 기억 바깥으로 기어 나옵니다.

사람들이 호상이라고 하네요. 증손자가 수두룩 셀 수도 없군요. 복 받으셨어요. 자식들도 마음 아파 우는 사람이 없어요. 잘 사셨다는 말만 하고 있어요. 어머님의 귀한 남동생, '김해 허 씨' 가문에 대를 이었던 연로하신 외삼촌이 휠체어를 타고 오셨네요. 자손들이 교수가 되고 은행지점장도 되고 번창했습니다. "우리 누님, 우리 누님" 하면서 어깨 들썩이며 눈물 흘립니다. 머지않아 외삼촌도 어머님 곁으로 가시게 되겠지요. 저도 이제 나이가 들었나 봅니다. 죽음에 대해서 두려움이 없어요. 좋은 날 좋은 시에 떠날 수 있다면 더할 나위 없겠지요. 그렇지만 하늘나라에 들어가기에는 부족한 것이 많아서 보속을 더해야 할 것 같습니다.

어머님, 기억이 오락가락 하면서도 "자식들은 내 마음 다 모른다."고 하면서 저더러 외롭게 살지 말라고 하셨어요. 그날 저는 충격 받았어요. 아버님 돌아가시고 마흔다섯 해를 혼자 지내셨더군요. 혼자 사시는 것이 당연하다고 생각하면서 저희만 행복하면 되는 줄 알았어요. '자식이 여덟이나 있었는데 얼마나 외로우셨으면 과부가 된 저에게 그런 말씀을 하실까?' 하고 별생각을 다했지요. 어머님의 외로움을 헤아리지 못해 죄송합니다. 용서해주세요. 어떻게 그 말씀을 해석하며 받아들여야 합니까? 저도 먼 훗날 이런 말을 할까 걱정됩니다.

어머님의 며느리로 함께 살면서 좋았던 기억만 남았네요. 저도 시어미가 되었으니 어른으로서 어떻게 살아야 할까를 생각해봅니다. 더도 말고 덜도 말고 어머님만큼만 살면 흉잡히지 않고 살 것 같습니다. 어머님은 언제나 그 자리에 가만 계셨는데 나 혼자 생각으로 섭섭했고, 무서워했다는 것 이제 알아요. 어머님은 인자하셨고, 제가 늘 부족했으니까요. 천국에 드시면 사랑하는 아들, 일곱째가 마중 나올 겁니다. 모자 상봉하시거든 제 얘기도 좀 해주세요. 잘 살더라고요. 어머님 존경하고 사랑합니다. 저도 어머님처럼 며느리를 아끼겠습니다.

어머님, 당신의 일생을 대하소설로 탄생시키고 싶은데 며느리의 능력이 여기까지인가 봅니다. 영정 앞에서 당신을 회상하는 것으로 마무리 짓습니다. 씩씩하게 여장부로 살아오신 나이테의 두께를 허공에 날리면서 하얀 나래 고깔 쓰고 마음의 고향, 영혼의 고향으로 귀천하소서.

어머님과 살아온 세월의 정담을 나누다 보니 밤을 지새웠나 보다. 어머님으로부터 삼십 년간 들어온 이야기가 머릿속에 저장되어 녹음테이프 돌듯이 돌고 돌았다. 우리 세대 모든 어머니의 이름이 '분이'일지 모른다. 아침이면 분이는 한 줌 재가 되어 사라지리라.

송내골의 봄

　새둥지를 튼 곳이 각북면 송내골이다. 대구에서 송내골을 가자면 헐티재를 넘어야 한다. 송내는 솔숲 안에 있다고 해서 불리는 이름으로 헐티재에서 왼쪽 오솔길로 내려간다.
　송내골에 들어서면 소나무가 뿜어내는 피톤치드가 진동한다. 피톤치드는 산림욕 효용의 근원이며, 신경을 안정시킨다고 한다. 너럭바위에 가부좌 틀고 앉아 단전 깊숙이 숨을 들이쉬니 영혼마저 정화된다.
　전원생활을 꿈꾸며 작은 오두막 한 칸 얻으려 수년간 발품을 팔았다. 세상 이치가 발버둥 친다고 주어지는 것이 아니다. 어느 날 행운이 찾아왔다. 가까이 지내던 친구가 빈집을 쓰라고 했다. 번잡한 세상을 벗어나니 신선이 따로 없다. 시간 가는 줄 모르고 날짜 개념도 없어졌다. 동살이 비추면 일어나고 저녁 으스름 산 그림자가 내려오면 하루를 감사하며 적막 속에 몸을 눕히면 된다.

느닷없이, 고요를 깨뜨리는 소리가 산천을 흔든다. "따다다다닥." 전원주택 공사장의 드릴 소리인가 했더니, 딱따구리가 둥지를 만들어 암컷을 부르는 소리란다. 구애에 초대받은 암컷은 수컷이 만들어 놓은 둥지가 마음에 들지 않으면 다른 짝을 찾아간단다. 한갓 미물도 생식을 위한 경건한 의식을 준비하는 일에 소홀하지 않음을 자연을 통해서 배운다.

마을에 누가 들어온 모양이다. 골짜기가 쩌렁쩌렁 울리며 개 짖는 소리가 요란하다. 산골에서는 개와 사람 사이에 불가분의 관계가 성립된다. 개는 낯선 방문을 알리는 파수꾼이다. 몇 집 되지 않지만 송내골 개가 합창을 한다. 도시에는 자동차가 한 집에 두 대씩이지만, 산골은 집집이 개가 두세 마리씩 된다. 노인들만 한 명씩 사는 집이라 개는 유일한 가족이다. 행여 먹이 찾아 내려오는 멧돼지가 있을지 모르지만 동네 개를 다 풀어 놓으면 무섭지는 않을 것 같다.

자연이 주는 선물은 무한하다. 산중생활에 감사하며 자연인으로 산다. 그야말로 넉넉한 자연 속에서 오늘 하루 먹을 것만 거두면 된다. 양지바른 산기슭에서 냉이를 한줌 캤다. 멸치 육수가 코끝에 스밀 때 된장 한술 걸러 넣고 끓이는 향긋한 봄 냄새는 산촌에 살아보지 않으면 모른다. 시장이나 마트에 나온 냉이도 있지만 내 손으로 흙냄새를 맡으며 캐온 냉이라 더 진한 맛이 풍긴다.

묵정밭 덤불을 뒤적이니 파란 새싹이 모도록하게 살아있다. 풀덤불을 이불 삼아 겨울잠 자던 개미취다. 수런거리는 봄 전령의 성화에 화들짝 놀라 깨어났나 보다. 자색 치마에 연초록 당의를 입고 하룻밤 성은을 소원하는 구중궁궐 여인처럼 수줍은 듯 다소곳하다. 달래 냉이도 군데군데 숨어 있다. 잠자던 봄나물이 하루가 다르게 정체를 드러낸다. 하얀 쌀밥에 달래 간장으로 저녁 식사를 준비해야겠다. 취나물 조물조물 무치고, 냉이 넣은 구수한 된장찌개는 수라상 부럽지 않으리라.

소풍 때 숨겨둔 보물 쪽지를 찾아 헤매듯 여기저기 기웃거린다. 덤불 속에 숨어있던 머위가 소담스럽게 돋아났다. 헐티재 쉼터에서 어지간히 비싸게 팔던 머위가 천지사방에 널려 있다. 오늘 재수 좋은 날이다. 어머니 살아 계실 적에 머위 나물이 제일 먼저 봄을 알린다고 했다. 녹지근하고 피곤한 봄날 머위 나물 한 접시 무쳐 먹으면 입맛이 살아난다고 하셨다.

향긋 쌉싸래한 머위를 말랑하게 데쳐 마늘 한 쪽 두드려 넣고 짭조름한 조선간장에 무치면 밥도둑이 따로 없다. 고춧가루 솔솔 뿌리고, 참기름 듬뿍 넣어 손맛을 내봐야겠다. 생각만 해도 침이 넘어간다. 흠 흠 흠! 뒤꿈치 들고 호밋자루 앞세우니 엉덩이 실룩거리며 절로 춤이 나온다. 엔돌핀이 충만하여 알프스 소녀 하이디처럼 산과 들을 신나게 쫓아다닌다.

 널브러진 쑥대 밑에서 어린싹이 움을 틔운다. 쑥은 항암제라 한다. 우리 몸에 염증을 일으키는 세균들을 방어한다니 놀라운 일이다. 쑥의 생명력은 익히 알려져 있다. 히로시마에서 원자폭탄을 맞고 모든 생명체가 사라졌지만 유일하게 이듬해 살아남은 것이 쑥이었다. 보드랍고 야들할 때 도다리쑥국을 끓여 먹으면 둘이 먹다 하나 죽어도 모른다. 돌나물도 뾰족뾰족 얼굴을 내민다. 재그랍고 앙증맞은 놈이다. 지천으로 널린 건강식에 오감이 들썩거린다.

 친구의 전화다. 홍매가 만발했는데 산중은 어떠냐고 묻는다. 후다닥 문을 열고 매화 앞에 섰다. 이제 곧 꽃망울을 틔울 모양이다. 꽃봉오리가 소녀 젖가슴 몽우리 맺힌 듯하다. 노란 산수유가 봄소식을 가져오고, 홍매가 축포를 터뜨리면 여기저기 꽃 잔치가 시작된다. 내 몸이 둥둥 떠다닌다. 곳곳에 봄의 교향곡이 울려 퍼진다. 이렇게 좋을 수가!

 웰빙도 웰다잉도 자연 속에 있으니 어찌 기쁘지 아니하랴. 겨우내 움츠렸던 것들이 수런거리니 덩달아 신이 난다. '송내골' 이름도 근사하지 않은가. 나물 먹고 물 마시고 하늘 한 번 쳐다보며, 송내골에 반한 아낙의 입이 귀에 걸린다.

11분

척추 협착증이란다. 기침을 해도 아프고, 웃어도 아프다. 허리가 아파서 돌아눕지도 못하고 잠을 편히 잘 수 없을뿐더러 다리가 저려서 걷는 것도 고통스럽다. 인체의 메커니즘이라고나 할까. 몸이 통증을 느끼는 것은 그대로 놔두면 망가질까 봐 보내는 신호라고 한다. 의사는 수술보다 물리치료를 먼저 해보라고 한다.

잘한다고 소문난 척추 교정원을 찾아갔다. 치료사는 무엇보다 신뢰가 중요하다고 했다. '좋아지고 있다, 나아지고 있다' 생각하면서 함께 노력해 보자고 했다. 치료사의 말이 감언이설로 들리지 않았다. 말만 들어도 위로가 되고 금방 나을 것만 같았다. 몸에 칼을 대지 않고 나을 수만 있다면 다행스러운 일이 아닌가.

치료실까지 오가는 시간과 운동시간을 합치면 하루 평균 세 시간을 투자하는 일이었지만 무얼 망설이랴. 우리 몸은 자연 치유력이 있어서 잘 다스리면 원상태로 돌아간다고 하니 그를 믿고 내 몸을 맡기기로 했다.

"엎드리세요."

침상에 엎어 누웠더니 치료사가 바지와 속옷을 엉덩이 쪽으로 끌어내렸다. 순간 얼굴이 달아오르고 귓불까지 뜨거워져 벌떡 일어나고 싶었다. 그의 손이 나의 살갗을 쓰다듬기 시작했다. 진퇴양난이다. 어찌할 바를 몰라 이빨을 앙다물었더니 온몸이 경직되어 **뻣뻣**해졌다.

치료사가 힘을 **빼**라고 하면서 허벅지를 가볍게 때렸다. 나는 더욱 긴장되어 막대기처럼 몸이 굳어졌다. 아무래도 내가 비정상인가 보았다. 성적수치심과 모멸감이 스멀거리면서 진정이 되지 않았다. 다리가 아픈 것은 척추의 고장 때문이니 허리를 주물러야 했다. 그런데 웬일인가? 그의 손만 닿으면 몸이 용수철처럼 튀어 올랐다.

힘을 **빼**는 일은 여러 군데서 요구되는 일이다. 탁구공을 칠 때도 골프를 할 때도 힘 **빼**는 연습을 얼마나 오랫동안 했던가. 하지만 지금은 불가사의했다. 아무리 힘을 **빼**려 애를 써도 자꾸만 몸에 힘이 들어갔다. 지압할 때 통증 때문에 신음이 나오고, 숨소리가 고르지 못한 나 자신에게도 짜증이 났다. 대략난감이라는 말을 이럴 때 써야할까. 속이 부글부글 끓어 가스가 차오르고, 이것 또한 참느라 등짝에 땀이 나서 애를 먹었다.

치료사가 한숨을 내쉬더니 손을 멈추었다. 힘을 빼야 몸이 부드러워져서 치료가 수월해지고, 몸이 말랑말랑해야 기氣가 잘 들어간다고도 했다. 그는 최면을 유도하는지 눈을 감고 기분 좋은 곳으로 여행을 떠나보라고 했다. 사랑하는 사람과 파도가 부서지는 바닷가 모래사장도 거닐어보고, 피톤치드가 쏟아지는 솔밭을 머릿속에 그려보라고 했다.

생뚱맞다. 남자의 손이 내 몸을 만진다는 생각을 한 때문일까. 파울로 코엘료의 소설「11분」을 떠올렸다. 성性소설이라 비난은 있었다고는 하나 그다지 문란하지는 않다. 치료가 계속되는 동안 소설 속의 주인공 마리아를 상상하니 나도 모르는 사이에 몸이 녹아내렸다. 작가는 인간의 지속적인 성행위의 한계가 고작 11분이지만, 그것은 거룩한 의식이며 육체의 한계를 뛰어 넘으면 무한한 정신적인 사랑이 가능하다고 했다.

인간의 본성에는 에로스적 삶의 욕구가 있다. 식욕, 수면욕, 성욕을 일컬으며, 이는 선한 본성이라고 한다. 그런데 성욕은 소유를 통해 너와 나의 존재를 확인하는 작업일 터인데 나는 지금 병을 고치려고 11분에 정신을 집중하고 있다.

희한한 일이다. 며칠을 힘 빼기에 시간 낭비했는데「11분」을 떠올린 순간 경직된 머릿속과 몸이 흐물흐물해졌다. 내재된 본성이 관능을 건드렸는지 치료사와 조금씩 소통도 되면서 분위기가 한결 부드러워졌다. 오른쪽으로 누우라면 왼쪽으로 눕고, 엎드리라면 바로 눕던 귀 고막도 열렸다. 그는 눈을 지그시 감은 채 지압에 온 신경을 쓰고 나는 헤픈 웃음을 배실거렸다. 진작 힘을 뺐으면 더 많이 좋아졌을 것이라면서 그가 손끝에 힘을 실었다.

이제는 치료사의 요구에 따라 바로 눕기도 하고, 엎드리기도 하면서 몸이 말을 잘 듣는다. 그의 손놀림이 부담스럽지 않을 뿐 아니라 때로는 살짝 잠을 자기도 한다. 병 또한 조금씩 차도가 있어 걷기가 한결 수월하다. 소설 「11분」이 건전하지 못하다는 둥 논란의 소지가 있는지 모르지만, 내게는 특효약이었다.

우리는 이방인

　텔레비전 앞에 앉는다. 다문화를 이해하려고 '고부열전'은 꼭 시청한다. 시어머니와 며느리가 좌충우돌 부딪히며 사는 모습을 보면 지레 겁이 난다. 같은 민족끼리 살아도 고부간의 갈등으로 가정이 파탄에 이르는 소식을 자주 듣는데, 문화와 풍습이 다른 사람과 가족을 이루고 산다면 서로 이해하며 적응하고 사는데 얼마나 힘이 들겠는가.

　미국에서 요리사가 된 아들이 싱가포르 아가씨와 결혼한 지 이태가 지났다. 아들보다 나이가 세 살이나 많은 이방인을 새 식구로 맞아들이면서 무척 못마땅했었다. 같은 동양인이어서 피부나 얼굴 생김이 낯설지는 않지만, 자꾸 밀어내고 싶었다. 결혼식을 치르고 돌아왔으나 며느리에 대해 눈곱만한 정도 싹트지 않았다.

말이 통해야 사랑도 표현할 수 있다. 내 시어머니가 그러셨듯이 집안 내력도 이야기해 주며 마음도 나눌 수 있으련만, 무관심할 수밖에 없었다. 금쪽같은 아들을 빼앗겼으니 성에 차지 않아 강 건너 불구경만 하고 있었는데 이민 비자 수속을 하려고 아들과 며느리가 한국에 들어온단다.

내 품에 안겨야 할 아들이 식구 하나 붙여서 돌아온다는 현실이 뒤숭숭했다. 시어미 노릇이 처음이라 적잖이 긴장도 되었다. 용심보가 터졌는지 아들 부부가 쓸 침대에 시트를 깔면서 눈가에 맺히던 이슬이 굵은 눈물로 방울방울 떨어졌다. 별의별 생각이 다 떠올랐다. 여태 내 호적에 있던 아들이 세대주가 되어 영원히 품을 떠난다고 생각하니 동지섣달 얼음장처럼 몸과 마음이 시렸다.

문화와 식습관이 다른 며느리가 좋아하는 음식을 준비하려니 걱정이었다. 아들은 김치찌개를 준비하면 된다지만, 처음 만나는 시어머니와 며느리의 밥상이 소홀해서야 될까. 다행히 며느리도 한국 음식을 잘 먹는다니 한시름 놓았지만, 이것저것 준비해서 냉장고를 채워놓고 보니 전부 아들이 좋아하는 음식이었다.

드디어 십 년 만에 아들이 집에 돌아왔다. 고약한 시어미가 되지 말고 세련된 어른 행세를 하려고 다부지게 마음먹었다. 웬걸, 며느리부터 안아주리라 다짐을 했는데 찰나의 선택이랄 것도 없이 아들을 향해 팔을 벌렸다. 아차 하는 순간 뒷덜미가 화끈했다. 못난 어른이라는 딱지가 붙을 것 같아 며느리를 향해 팔을 벌렸다. 제 딴에는 잠깐 사이에 서러웠는지 얼굴은 웃으면서 눈물을 찍어냈다. "어머니 반갑습니다. 사랑해요." 드라마를 보면서 한국말을 열심히 배웠다는 며느리의 마음이 느껴져 가슴이 뭉클했지만, 할 말이 없어서 갑갑했다.

어쩌다 아들과 통화를 하다가 며느리가 영상으로 보이면 "사랑해.", "어머니, 사랑해요." 그러고 나면 끝이었다. 고부간에 유일하게 할 수 있는 말은 그것밖에 없었다. 마음이 통하지 않으니 영혼 없는 말, 입으로만 할 수 있는 "I love you"는 세계 공통어인지 모르겠다.

그런데 며느리가 달라졌고, 내가 달라졌다. 나는 영어를 못하지만 미국방송을 눈으로 보며 노력했고, 며느리는 일 년 동안 드라마와 '여섯 시 내 고향'을 열심히 방청하면서 남편의 나라 한국을 공부했단다. 대게를 먹고 싶다는 며느리를 데리고 강구항에 갔다. 킹크랩도, 랍스타도 영덕대게 맛을 따라가지 못한다며 엄지 척을 했다. 내 팔짱을 끼고 찰싹 달라붙는 며느리를 어찌 미워하랴. 해맞이 공원 블루로드를 걸으며 물 색깔이 너무 예쁘다며 한국의 냄새를 머리와 가슴에 담아가겠다는 며느리가 사랑스러웠다.

마침, 아이들이 도착한 다음 날이 친정아버지 기일이었다. 가족들이 모인 자리에서 인사도 시키고 제사를 지내는 풍습을 보여주었다. 우리나라 예절을 배우고 온 며느리가 어른들 앞에서 손을 가지런히 이마에 대고 큰절을 했다. 제사는 돌아가신 분을 기억하며, 후손들이 한자리에 모여 식사도 하고, 친분도 쌓는다며 며느리가 더듬더듬 말했다. 귀여운 세 살짜리 아이가 말을 배워 어른들 앞에서 재롱부리듯 방글거리며 제법이었다.

소통은 언어가 아니라 마음에서 비롯된다. 느낌, feel이 통하면 눈빛만 봐도 알아서 척척 행동하니 말이 통하지 않아도 사는데 불편한 것이 없었다. 며느리의 성격이나 성향을 몰랐을 때는 아들이 결혼을 했구나 하는 생각이 다였는데, 눈치코치로 서로를 알아가는 것도 재미있었다.

이제 세상이 바뀌었다. 글로벌시대에 다문화 가족이 된 나의 생각도 바뀌어야 한다. 문화상대주의란 무엇인가. 다른 나라 문화의 다양성을 인정하고 환경과 역사적, 사회적 상황을 이해하고 적응하는 것이 아닌가. 시간이 날 때마다 싱가포르에 대해서 궁금한 것을 알아가는 중이다. 며느리에게는 내가 이방인이고, 나에게는 며느리가 이방인지만, 우리는 사랑이라는 이름으로 하모니를 이룬다.

'고부열전'을 볼 때마다 항상 조마조마했었는데 우리 집은 며느리가 시어미의 나라를 방문하면서 집안 내력과 서로의 사랑을 확인하며 다가갔다. 다름을 같음으로 인식하면서 내 자식이 사랑스러운 만큼 가족이 된 새아기를 가슴으로 크게 안아 주었다. 며느리는 예쁜 여우다. 틈만 나면 나를 껴안고 애교를 부리다가 미국으로 돌아갔다. 한 달이라는 짧은 시간에 우리는 많은 것을 나누었다. 아이들이 머물다간 빈 방에 그리움 한 자락 드리운다.

쇼당

 날이 밝자 집 뒤로 경운기 소리가 탈탈거린다. 오늘도 석 씨네 사과밭이 시끌벅적하다. 산골에 살면 새소리를 듣고 잠을 깨야 하는데 '독도는 우리 땅'을 시작으로 네 박자 쿵짝이 산천을 흔든다. 그뿐 아니다. 사과밭에는 줄 위에 매달린 독수리 오 형제가 매서운 눈을 부라리며 맴돌고 있다.
 귀가 아프고 눈이 어지럽다. 일하면서 듣고 싶은 음악이면 조용히 들어도 될 것을 소음 공해가 이만저만이 아니다. 고요한 클래식이나 발라드풍의 음악일지라도 아침잠을 깨우면 짜증이 날 판에 엿장수 패거리가 들이닥친 격이다. 차라리 도시의 자동차 소음이 더 나을 것 같다는 생각이 든다. '욱'하고 감정이 불쑥거리는 것을 몇 번이나 눌러 참았다. 한마디 하고 싶지만, 뜨내기라고 텃세 부릴까 두려워 눈치만 본다. 동네 터줏대감 잘못 사귀면 사는 것이 고달프다고 한다. 사사건건 못마땅하게 여겨 물에 뜬 기름처럼 어울리지 못한다고 하지 않던가.

오전 작업을 끝냈는지 사위가 조용하다. 조금 있으니 경운기 소리가 들린다. 내 오늘은 한마디 하리라. 담장 너머로 얼굴을 내밀고 한참 동안 궁리를 한다. 일단 마음이 상하면 안 될 일이다. 한우 사육 농가에서 들었던 이야기가 퍼뜩 떠오른다. 잔잔한 음악을 틀어주면 소들이 건강하고 가죽도 우단처럼 반들거린다고 했다. 경운기를 몰고 내려오는 석 씨와 눈이 마주친다.

"아유, 노랫소리 때문에 엉덩이가 들썩거려요, 사과가 맛있고 예쁘게 자라도록 음악을 들려주나요?"하고 눈웃음을 실어 보낸다.

5척 단신에 앞니가 몇 개 흘러버린 그가 이마를 긁으며 말했다.

"하이고 미안 하니더. 새들이 하도 사과를 쪼아대서." 도시에서 흘러 들어온 아낙과 시골 남자가 마주 보며 웃는다.

더 말이 필요 없다. 쇼당이다. 고스톱에서 서로 맞패를 쥐고 조율할 때처럼 눈치 작전으로 자연스럽게 상대를 읽었음이다. 슬그머니 내가 쥔 패를 내려놓았다. 세상사 이해하기 나름 아닌가. 석 씨는 자기 소유의 토지가 아니라 임대로 농사를 짓는다. 비료와 농약값 다 떨고나면 아내와 시집 안 간 두 딸의 노동을 합치면 적자가 크다. 과일을 쪼아먹는 새들은 맛있고 좋은 것을 기가 막히게 잘 안다. 그나마 상품이 될 만한 사과를 새 떼에 당하고 보니 나름대로 고안한 방책이 시끌시끌한 노래다. 새들의 왕중왕 독수리연을 달아놓은 이유도 그러하다.

　오늘은 뽕짝 소리가 짧다. 석 씨의 사정을 알고 나니 내 마음에도 변화가 일어난다. 서로 마음 상하지 않고 한 발짝 물러서는 삶의 지혜인 게다. 귀청이 따갑고 거북스럽던 노랫소리가 석 씨에게는 삶의 전쟁이었고, 새떼를 교란하는 전술이었다. 매일 듣던 노래가 줄어드니 괜히 말했는가 싶어서 오히려 미안하고 귀가 심심하다.

　오후가 되자 또 탈탈거리며 경운기가 올라간다. 석 씨가 놀러 오라고 손짓을 한다. 뽕짝과 독수리가 지켜낸 사과가 탐스럽다. 옆구리를 간질이는 바람의 유혹에 사과나무 이파리가 나풀거린다. 뱅글뱅글 돌면서 춤까지 춘다. 유튜브를 검색해서 헝가리 무곡을 튼다. 뽕짝이 아닌 무곡에 맞춘 춤사위가 경쾌하다. 떼구르르 돌고 도는 춤판 속에 걸어 들어가 나는 망중한을 즐긴다.

　수확한 사과들이 반짝거리는 카펫 위에 붉은 옷을 입고 누워 있다. 석 씨는, 나무 밑에 은박지를 깔아 복사열로 색을 낸다고 한다. 그가 사과 한 개를 들고 웅숭깊은 눈으로 바라본다. 자식을 키우듯 애정과 땀으로 일궈낸 분신이 아닌가. 구릿빛으로 그을린 그의 얼굴에 환한 웃음꽃이 핀다.

종일 경운기가 부산하게 뒷산을 오르락내리락하더니 오늘이 마지막 추수라고 한다. 석 씨는 근동에서 자기 집 사과가 제일 크고 인물이 좋다며 자랑한다. "먹을 만하니까 잡숴 보소." 그가 비료포대에 새한테 쪼인 사과를 한 자루 담아준다. 뇌물일까? 인정일까? 사과를 한입 베어 문다. 물이 많고 달다.

소란스러운 아침은 석 씨네 사과밭과 이웃한 죄다. 동네를 떠나지 않으면 열매 맺히는 계절부터 추수할 때까지 뽕짝을 귀 아프도록 들어야 한다. 그러나 마음먹기 달렸다. 서울, 부산 찍고, 돌고, 차차차! 무도장에서 매일 춤추고 살면 건강도 좋아지리라.

찌이익! 갑자기 기계음 찢어지는 소리가 들린다.

"에헴, 마이크 시험 중, 마이크 시험 중! 주민 여러분께 알립니다. 요번 일요일 마을 회관에서 가을걷이 주민 화합잔치가 있심다. 주민 여러분께서는 한 분도 빠짐없이 참석해 주시면 고맙겠심더. 이상입니다."

빈손으로 갈 수 없다는 생각이 든다.

무와 남자

　마트 옆, 수런거리던 인력시장이 잠잠하다. 봄이라고는 하나 꽃샘추위가 옷깃을 여미게 하는 아침이다. 한 사람씩 일거리를 찾아 떠난 자리에 모닥불은 재만 남기고 썰렁하다.
　속살 뽀얀 무 하나를 손에 들고 발길을 돌리는 초라한 남자 모습에 나도 모르게 눈길이 간다. 동태 한 마리 넣어서 속풀이 국을 끓일 요량인지 내 알 바는 아니나 이런저런 생각이 든다. 행색을 보니 세상살이에 속 끓이는 일이 수없이 많았을 것 같다. 약삭빠르지 못해 하루 일감을 얻지 못하고 집으로 돌아가는 남자의 발걸음은 천근만근이리라. 하기야 사는 것 별거 아니니 목구멍이 포도청이라 뜨거운 국물 한 사발로 마음자리 가라앉히는 것도 나쁘지는 않겠다.

사람마다 자기의 욕망과 욕구를 향해 나름대로 속을 끓인다. 어떤 이는 권력을 또 어떤 이는 재물을, 어떤 이는 사랑을 향한 갈망으로 속을 끓인다. 나도 되잖은 욕심으로 수없이 속을 끓였다. 값비싼 귀금속과 명품 가방을 가지고 싶어 했고, 남들보다 앞에 서려고 안달복달했다.

하지만 밥벌이로 인한 속 끓임은 얼마나 처절한 일인가. 무를 들고 있는 남자의 모습이 머릿속을 떠나지 않고 무겁게 다가온다. 생계에 매달리는 가장의 모습은 서글프다. 삶이라는 명제 앞에 아무리 아름다운 가치와 의미를 부여하더라도 밥벌이라는 현실 앞에서는 누구라도 어쩔 수 없다. 밥벌이 자체가 목적이 되는 순간, 다른 차원의 삶은 요원한 것이 된다.

무無는 물질이 존재하지 않는다는 것으로 유有와 대립한다. 비존재, 허무, 공허이다. 남자는 하루 밥벌이를 위해 오늘도 새벽 공기를 가르며 인력시장에 나왔을 것이다. 가족으로부터 잘 다녀오라는 인사를 뒤로하고 나섰으나 세상은 그리 녹록하지 않다. 변변한 직장 하나 가지지 못한 남자의 마음은 속이 자글자글 끓어서 오그라들었으리라. 무 한 개로 속을 풀고 상처받은 자존감이 다시 살아났으면 좋겠다.

인생에 있어서 행복이나 성공은 어디까지나 자신의 책임이다. 비록 벼랑 끝에 서 있을지라도 희망의 끈을 놓아서는 안 된다. 희망을 버린 사람은 인간성마저 상실하고 황폐한 삶을 살게 될 것이다. 혹독한 한파를 이겨내야 새 생명을 피워낼 수 있다고 하지 않던가. 신산한 삶을 산 사람은 향기가, 사람 냄새가 난다고도 했다.

오지랖도 넓지, 일면식도 없는 저 남자 때문에 왜 쓸데없이 속을 끓이는지 모르겠다. 뭉근하게 된장 풀고 무를 넣어 장국을 끓일까. 모쪼록 내일은 남자가 일거리를 찾아 편안한 모습이었으면 좋겠다. 그에게 행운이 있기를 빈다.

변신은 무죄

 쌍꺼풀 수술이 두 번째다. 세월의 흔적으로 내려앉은 눈꺼풀을 잘라낸 것이다. 첨단 의료기술이 놀라웠다. 프로포폴 마취는 기분 좋은 환각 상태여서 전혀 통증을 느끼지 못했다. 가볍게 수술을 마친 후 선글라스를 쓰고 집으로 왔다. 예전에는 눈 위에 거즈를 붙이고, 거의 한 달 동안 외출도 못했다. 그땐 시퍼렇게 멍들고 퉁퉁 부어서 사람들 보기에 민망했었다.
 삼십 년 전의 일이다. 속눈썹이 눈동자를 찔러서 눈이 자주 충혈 되었다. 안과에서 수술을 권했지만, 가족들에게 쌍꺼풀을 해야 한다는 말을 할 수가 없었다. 멋 부린다는 불순한 의도로 볼 것 같았기 때문이다. 마침 어머님의 눈꺼풀이 축 처져서 떴는지, 감았는지 모를 정도로 덮여있었다. 쌍꺼풀을 하고 싶어서 깜찍

한 발상을 했다. 내가 꼼수를 부린 대상은 어머님이었다.

"어머님, 눈이 잘 보이지 않지요?"

"그래, 가죽을 들어 올리면 잘 보인다."

장난삼아 반창고로 어머님의 눈꺼풀을 위로 올려붙였다.

"에미야! 앞이 환하다."

평소 저음의 목소리가 메조소프라노 음역이었다. 어머님도 여자였다. 기쁨과 환희에 들뜬 목소리를 감추지 못했다.

미룰 일이 아니었다. 남편은 노인이 성형은 왜 하느냐고 찬성도 반대도 아닌 말로 구시렁거렸다. 당시 어머님의 연세가 70세였다. 그때는 지금처럼 안검내반증이라는 질병 코드가 없었고, 성형으로 분류되어 수술비가 비쌌다. 어머님은 침침하던 눈이 환해졌으니 세상 살 만하다고 했다. 자식이 여덟이나 있지만 아무도 관심이 없었는데, 신천지를 열어 드렸으니 얼김에 나는 효부라는 칭찬을 듣기까지 했다. 커다란 눈을 만들어 백세가 되도록 밝게 사셨으니 성공한 사례. 어머님에 이어 친정엄마, 그리고 내 차례였다. 눈치 볼 것 없이 저질렀다. 여자들의 변신에 남편은 찍소리 못했다.

시간이 많이 지났다. 어느새 내가 어머님 나이만큼 되었다. 세월이 눈꺼풀을 잡아당긴 모양이다. 눈꼬리가 자꾸 짓무르고 손이 갔다. 푹푹 찌는 삼복더위 중에 친구한테서 전화가 왔다. 눈이 처져서 보기 싫던데 쌍꺼풀 수술하면 어떠냐고 했다. 귀가 솔

깃했다. 조카가 성형외과를 개업해서 깜짝세일 한단다. 망설일 필요가 없었다.

혼자 가기도 뭣해서 가까운 언니에게 전화했더니 쾌재를 불렀다. 언니도 눈가에 연고를 바르며 산단다. 가족들이 관심을 두지 않아서 차일피일 미루고 있던 참이라고 했다. 언니와 전화를 주고받으며 서로 위로했다. 내 몸, 내 건강은 스스로 지켜야 한다고 결론 내렸다. 번갯불에 콩 구워 먹듯 수술은 성공적으로 끝났다. 언니네 자식들도 여태 관심 없다가 막상 일을 벌여놓으니 온 집안이 술렁거렸단다.

내 자식들도 그랬다. 영상통화를 하면서 번데기 주름처럼 둥그런 눈을 보면서 깜짝 놀랐다. 무슨 일이 생겼느냐고 난리였다. 눈이 처져서 쌍꺼풀 했다고 하니 입을 쩍 벌렸다. 나는 "예뻐지고 싶어서" 라고 덧붙였다. 나이 든 엄마가 할 일 없어서 병원에 돈 주고 아픔을 자초했을까.

내 엄마가 늘 하시던 말씀이 생각난다. "자식들은 모른다." 그 말이 오늘따라 뼛속까지 시리다. 엄마가 무릎이 저리고 허리가 쑤신다는 소리를 해도 나이 들어 당연히 아픈 것으로 생각했다. 그때 왜 엄마 마음을 헤아리지 못했을까. 회한에 몸을 떨어도 과거는 돌아오지 않는다. "있을 때 잘해!" 허공에서 메아리가 되어 들려오는 소리다.

하루에 수십 번 거울을 들여다본다. 내가 보아도 십 년은 젊어진 얼굴이다. 쌍꺼풀이 제대로 잘 된 것 같으니 기분이 좋다. 푸른 하늘에 솜사탕 같은 뭉게구름이 마음속에 두둥실 떠다닌다. 커진 눈으로 세상 구경 부지런히 하고 한껏 멋 부리며 살리라.

팔랑귀

달포 전, 지방에 사는 동생한테서 전화가 왔다. 관절염으로 고생하는 언니가 안쓰러웠던 모양이다. 잘 아는 도사님이 약사여래불께 기도하면서 사람들을 치유한다니 한 번 가보자고 했다.

병원에서 포기한 암도 치료한다고 소문이 자자하단다. 잘은 모르지만, 내 상식으로는 말이 되지 않는다. 퇴행성은 말 그대로 많이 썼기 때문에 연골이 닳아 염증이 생긴 병이 아닌가. 더군다나 나는 성당에 다니는데, 도사한테 매달려 치료를 받는다는 것은 말이 아니다. 치유 은사를 받은 신부님이 고쳐준다면 천리 길도 마다하지 않고 가겠지만 말이다. 차일피일 미루는 언니가 답답했던지 동생이 찾아왔다. 께름칙했지만 통증완화제를 매일 먹기보다는 혹여 나을 수 있으려나 하는 생각으로 따라갔다.

그 사찰은 죽은 이를 천도하는 지장암이었다. 대웅전에 망자의 이름을 빽빽하게 붙여놓고 지장보살을 부르는 소리가 녹음테이프를 통해 끊임없이 들렸다. 처음 경험하는 낯선 풍경 탓인지 죄지은 것처럼 가슴이 벌렁거렸다. 사람들이 꽤 많이 줄을 서서 기다리고 있었다. 사무실에서 이름과 생일을 음력으로 적으라고 했다. 그런데 그들이 쓰는 말이 이상하게 들렸다. 도사님을 친견하고 나서 치료를 시작한단다. '친견이라?' 자꾸 거슬렸다. 친견은 정신적인 지도자이거나 지체 높은 사람을 만날 때 쓰는 말이 아니던가. 고개를 갸웃거리면서도 제대로 명의를 찾아왔는가 싶어서 고분고분 시키는 대로 적었다.

한 시간쯤 지나서 내 차례가 되었다. 도사님은 보자마자 얼굴에 근심이 가득하다고 했다. 외롭게 죽은 조상이 나를 찾아와서 자꾸 조른다고 했다. 종이에다 내 이름을 휘갈겨 적더니 알아듣지도 못하는 주문 같은 소리를 웅얼웅얼했다. 부적 같은 글씨를 한참 써 내려가더니 재를 일곱 번 드리면 고통에서 해방되고 자식들이 잘 풀린단다. 재를 한 번 드리는데 백 수십만 원인데 미루지 말고 당장 마음 다잡으라고도 했다.

아무리 생각해봐도 지금 내 주변에는 근심거리가 없다. 내 자식들은 잘 살고 있는데 무슨 씨나락 까먹는 소리를 하는가. 그때부터 화가 부글거렸다. 당장 집으로 돌아오고 싶었으나 이미 친견비는 지불했고 치료를 해준다니 기다렸다. 속으로, 돌아가는 상황이나 살펴보자는 호기심도 생겼다. 진료실도 치료실도 아닌 허름한 뒷방으로 갔다. 여기저기 사람들이 누워있기도 하고, 앉아 있는 사람도 있었다. 치료법이 파라핀과 쑥뜸이라고 했다. 모두 효험이 있다고 수런거리는데 지레 겁이 나서 숨을 제대로 쉴 수 없었다.

전기솥에 파라핀이 김을 술술 내면서 녹아 있었다. '거 참 무슨 일이지?' 궁금해서 죽을 판에 도사가 들어왔다. 방안에 모셔 놓은 바비 인형만 한 약사여래 불상 앞에 큰절을 하더니 허리가 아프다는 사람을 눕혀놓고 파라핀을 바가지로 퍼부었다. 저러다 사람 잡지 싶어서 내 몸이 오그라들었다. 뜨겁다고 소리를 질러야 할 터인데 그 사람은 "어, 시원하다."고 했다. 내 차례가 되었는데 무서웠다. 문을 열고 밖으로 달아났다가 동생한테 잡혀서 또 들어갔다.

도사님의 웃는 소리가 희한했다. 근엄해야 할 도사가 헤헤거리면서 웃었다. 마치 개구쟁이 동자승 같았다. 쑥을 비벼 만든 봉에다 불을 붙이더니 손가락 마디마디를 지졌다. 너무나 따갑고 아팠다. 그런 내 입에서도 "아, 시원하다!"는 소리가 새어 나왔다. 그 소리는 오기로 내지르는 소리였다. 양쪽 엄지 두 개를 빼고 여덟 손가락을 모두 지졌다. 꽈리처럼 손가락 마디가 부풀어 올랐다. 약도 바르지 말고 그냥 있으면 가라앉는다고 했다. 상태가 심하니 다음에 한 번 더 하면 낫겠다고 덧붙이면서 술을 마셔도 쑥뜸 자리가 끄떡없을 것이란다. 도사의 손아귀에서 옴짝달싹 못하다가 풀려나니 악몽을 꾼 것 같았다.

　술도 마시지 않았는데 곪느라고 쑤시면서 확확 열이 올랐다. 병원에 갔더니 의사가 화상이라고 나무랐다. 검증되지 않은 민간요법에 현혹되어 몹쓸 짓을 한 것이다. 하기야 아픈 사람은 지푸라기라도 잡고 싶다. 병은 한 가지인데 약은 백 가지가 넘는다고 하지 않던가. 귀가 얇았던 탓이다. 팔랑귀 촐싹거리다가 선무당에게 홀려 화형을 당한 손가락이 쓴웃음을 짓는다.

GOD FIRST

 갑자기 자동차 한 대가 내 앞으로 추월했다. 순간, 눈에 들어온 글자 때문에 가슴이 철렁 내려앉았다.
 앞서가는 자동차 뒤 유리창에 'GOD FIRST'라고 적혀 있다. 이게 무슨 소리인가, 하느님이 먼저라는 소리다. 아무렴, 하느님이 첫 번째 순위인 것은 맞다. 그런데 저 사람은 하느님을 내세워 막 달려도 될까? 하느님을 모르는 사람들에게 하느님을 알리는 홍보대사인가.
 자동차 뒤에 붙여진 글을 보니 불현듯 물고기와 키로의 십자가 문양이 떠올랐다. 문양은 로마 박해시대에 그리스도교 신자들이 암암리에 서로를 인식하기 위한 표식이었다. 오로지 한 분이신 하느님을 섬긴다는 무언의 약속이었고, 표식으로 서로 긴

밀한 연락을 주고받으면서 신앙을 지켰다. 그런데 오늘 앞지르기를 한 저 사람은 어떤 사람일까 궁금했다. 진정 하느님을 향한 경외심으로 GOD FIRST를 부착하고 다닐까?

여하튼 충격으로 다가온 그 문구가 나의 내면을 성찰하는 계기가 되었다. 과연 나는 하느님을 첫 번째로 모시고 살았을까. 아니었다. 하느님을 벗어나 나 중심으로 세상에 발을 디디고 서 있었다. 하느님의 현존을 머리로만 생각했고, 바쁘게 산다는 핑계로 뒷전에 밀어 두었으며, 세상 애착에 급급했다. 또, 발로만 뛰어다닌 형식적인 신앙생활과 입에 발린 허울 좋은 봉사였다. 봉사나 봉헌을 자신의 것을 바친다고 착각하며 살았으니 얼마나 몽매한 인간인가.

믿음의 크기에 따라 은총을 받으리라는 생각은 아예 없었다. 하느님을 믿으면 은총은 거저 주어지는 것인 줄 알았다. 교만이었다. 온전하게 그분을 향한 신앙생활이 아니었으니 세상 풍파에 넘어져 엎어지고 자빠지며 후회해도 소용없었다. 나의 청원과 원망의 소리가 하늘을 찔렀다. 아마 하느님 귀가 따가웠지 싶다. 이웃 관계에서도 그랬다. 모든 것이 나 위주로 돌아가야 했다. 내 생각만 하고 마음의 문을 닫아걸어 스스로 만든 방에 갇히기도 했다. 문밖에 그분이 서 계신다는 것을 꿈에도 몰랐다.

사랑하는 것과 소유하는 것의 차이도 모르고 살았다. 나를 지탱해주는 희망이었던 자식이 사랑이라는 이름의 다른 둥지를 찾아갔을 때 빼앗겼다는 마음이 들어 가슴앓이를 했다. 사랑하는 방법을 몰랐기 때문이다. 사랑하는 자식이 또 다른 사랑을 찾았다고 여기면 될 것을 내 아들이라고 생각한 것이 문제였다. 왜 그런 이기적인 생각을 했는지 모르겠다.

하느님이 첫 번째인 것을 잊어버리고 가슴을 치면 무슨 소용 있을까. 헝클어진 삶의 질서가 나를 힘들게 했다. 삶의 질서에 혼돈이 생기면 반드시 분열이 일어난다. 질서는 평화로운 삶을 위한 서로의 약속이다. 질서를 지키는 것은 곧 그 질서를 세우신 분에 대한 존중이다. 이것이 바로 하느님이 세우신 창조질서를 따르는 것이고, 인간의 완성을 향해 나가는 길이다.

사랑은 양보와 배려의 다른 이름이기도 하다. 교통질서를 잘 지키는 것도 사랑이다. 감정의 다툼이 시작되면 결과는 뻔한 일이다. 사랑이라는 이름으로 느긋하게 생각하면 서로 편안하리라. '바쁘시니 먼저 가시오.' 한 박자 뒤로 물러선다고 세상이 뒤집히는 일은 없지 않은가.

앞서 달려가는 운전자가 혹시나, 국민 아이돌 GOD의 열렬한 팬일까? 하는 엉뚱한 생각도 해본다. GOD FIRST를 써 붙여 다니는 저 사람의 의미 없는 장난이 아니길 바랄 뿐이다.

금호피리

 날씨가 후덥지근해서 바람이라도 쏘일 겸 화산 당지못에 왔다. 산 그림자가 골바람을 타고 파문을 일으킨다. 인디언 체로키 부족처럼 나에게도 비밀 장소가 있다. 낚시터는 나만의 숨겨 둔 요새이다. 낚싯대를 드리우면 세상사 다 잊어버리고 적요함에 젖어 영혼이 정화되는 느낌을 받는다.
 낚시터 옆 숲속에서 온갖 새 소리가 들린다. 자연의 음향을 듣고 있으면 이곳이 천상인가 싶다. 은빛 물결 속으로 맑고 청아한 뻐꾸기 소리가 메아리로 흩어진다. 이쪽에서 뻐꾹, 저 건너에서 뻐뻐꾹. 암수의 화답이리라. 물이 얕은 상류 쪽에는 황새 두어 마리가 유유히 먹이 사냥을 하고 있다. 낚시를 즐기는 나도, 풍경의 하나가 되어 사색에 잠기기도 하고 복잡한 생각을 지우기도 한다.

　단전에서 끌어 올린 숨을 시원하게 뱉어내고 돌아보니 한쪽에 사람이 있다. 왕버들 그늘에 낚싯대를 가지런히 펼쳐놓고 한 남자가 삼매경에 빠져 있다. 찌를 향한 부동자세가 거룩한 의식이라도 치르는 듯하다. 가뭄으로 인해 저수지에 물이 줄어서 물 반, 고기 반이라는데 남자는 대어를 기다리는 모양이다.

　당지에서 나는 작은 피리를 잡는다. 사람들은 피리를 반도나 그물로 잡아야지 낚시로 언제 잡느냐고 한다. 하지만 낚시로 잡는 재미가 더 좋다. 깻묵을 망에 넣어 낚싯대를 던지면 멋진 포물선을 그린다. 마치 수영선수가 높은 곳에서 다이빙하듯 풍덩하면서 미끼통이 입수를 한다. 동심원이 만들어지는 곳은 물고기가 뱉어내는 공기 방울이 보글거리며 백발백중이다. 한 번에 두 세 마리씩 걸려오는 재미도 쏠쏠하지만, 재수 좋으면 다섯 마리씩 버둥거리며 바늘을 물고 나온다. 잠시 쉴 틈도 없다. 입질이 왔을 때의 손끝에 전해지는 짜릿한 그 감각을 어찌 말로 표현하랴. 혼자임에도 불구하고 물고기가 걸리면 '앗싸!' 하고 소리를 지른다. 이 즐거운 비명은 쌓인 감정의 찌꺼기들이 확 달아나는 나만의 힐링 방법이다.

　나의 오두방정에 남자가 깊은 의식에서 깨어났는지 헛기침을 하면서 다가온다. 비밀 요새가 노출되어 불안하고 기분이 언짢은데, 혼자 왔느냐고 묻더니 신기하다는 표정을 짓는다. 여자 혼자 낚시랴? 고기는 잡아서 뭐하냐고 묻는다. 도리뱅뱅도 만들고 피리 튀김도 한다고 답한다. 어설픈 낚시채비를 보더니 떡밥 넣는 통을 하나 가져다준다. 플라스틱으로 된 작은 시럽병이다. 본인이 개발했다면서 떡밥 만드는 방법까지 자상하게 알려준다.

가까이서 보니 나이 지긋한 어르신이다. 교육공무원으로 퇴직한 그는 세월을 낚는단다. 이런저런 일로 겪은 온갖 풍상을 물속에서 건지고, 물 위에 비춰 보기도 하면서 고기를 잡겠다는 욕심은 버렸다고 한다. 그는 인생을 달관한 도인 같다. 주나라의 재상 강태공처럼, 미끼 없는 빈 낚싯대를 드리운 채 하늘이 불러줄 때를 기다린다고 한다.

어지간히 적적했던 모양이다. 머리가 하얗게 센 여자가 낚시하는 모양이 낯설고 어설픈지, 고기 잡는 법까지 일러준다. 그의 친절함에 고개를 끄덕이며 낚시꾼끼리 세상 돌아가는 이야기를 주고받는다. 나이 먹어서 편하고 좋은 점은, 사람 가리지 않고 거리낌 없이 말을 섞을 수 있다는 것이다.

산 그림자가 거뭇하게 내려올 즈음, 돌아갈 채비를 하는데 어르신이 연락처를 알려달라고 한다. 잠시 망설이다가 무안하지 않게 전화번호를 가르쳐드린다. 이름까지 물어보니 난감하다. 엉겁결에 튀어나온 말이 "금호피리." 금호에 살고 있다는 말이다. 확인이라도 하듯 내 전화기의 벨이 울린다. 남자와 여자가 아닌, 사람 둘이서 당지못이 흔들리도록 웃는다. 졸지에 낚시친구가 생긴 셈이다.

　전화하면 꼭 낚시터로 오라고 어르신이 당부한다. 고기를 잡아준단다. 딱히 손사래 칠 일도 없고, 다음에 보자는 말을 인사로 하지만, 낚시터 친구는 한 번으로 족하다. 나는 고기를 잡는 것이 목적이 아니라 자연 속에서 묵상 수련 중이다. 붕어나 잉어 같은 큰 고기에 욕심 없다. 작은 것에 만족하고 감사하는 마음으로 살아가는 지혜를 자연에서 배운다. 잡아 올린 피리가 망태기 안에서 물장구를 친다.

　집으로 돌아오는 차 안에서 라디오를 듣다가 웃음이 터진다. 카바레로 가던 꽃뱀이 요즈음은 골프장으로 가서 풀뱀이 되었다고 한다. 꽃뱀의 대상은 번쩍거리는 비싼 손목시계와 두둑한 돈지갑을 가진 사람이고, 풀뱀은 고급 골프채와 외제 자동차를 타고 다니는 사람이 먹잇감이라고 한다. 그러면 낚시꾼을 노리는 물뱀은 고가의 낚싯대를 보고 탐을 내려나? 그렇다면 그나 나나 물뱀이기는 틀린 셈이다. 나의 낚싯대는 버려도 주워갈 사람이 없을 정도로 허술하기 짝이 없고, 그에게서 얻은 미끼통은 시럽병이다. 원래부터 물뱀은 독이 없다.

영무

  영혼을 불러내는 요란한 북소리가 가라앉자 관중의 숨소리마저 잦아든다. 이내가 깔린 어둠 안으로 소복을 한 남자가 향로를 들고 서푼서푼 걸어온다. 향이 게워내는 냄새가 춤꾼의 몸 안으로 들어가니 연기처럼 그의 몸이 흐느적거리며 한판 춤사위를 벌인다.

  인간문화재 H 선생의 영무靈舞를 감상하는 중이다. 영무는 저세상으로 떠난 슬프고 외로운 영가의 한을 달래주는 춤이다. 영무를 보는 동안 남편의 무덤을 여닫았던 죄의식이 꿈틀거린다. 숨이 막혀 더는 참을 수 없어 내 혼이 스르르 빠져나간다. 그의 춤에 하나가 되어 무대 위를 휘젓는다. 흐느낌이다. 보고 있지만 들리는 소리에 몸이 젖고 있다. 켜켜이 쌓아두었던 설움이 소낙

비처럼 후드득후드득 떨어진다. 고여 있던 물기를 한소끔 쏟아 내고 나니 안절부절못했던 가슴속이 차분히 가라앉는다.

얼마 전, 미국에 사는 아이들에게서 봉안당을 마련했다는 연락이 왔다. 햇빛 잘 드는 곳에 유리창으로 안이 잘 보이는 집 한 채를 사두었다는 것이다. 보기 좋도록 똑같은 모양의 도자기 두 개를 준비해 두었으니 아버지를 미국으로 모셔오라고 했다. 꼭 그렇게 할 필요가 있을까 하고 물었더니 부모의 흔적을 간직하고 자식의 도리를 해야 한다고 했다. 매달 관리비를 내고 있으니 빈집으로 두지 말자고도 했다.

부모를 생각하는 마음이 기특했지만, 한편으로는 이건 아니지 싶었다. 밖에 나가 살다가도 죽어서는 고향 땅에 묻히기를 원하는데 거꾸로 나가는 일이니, 마음이 썩 내키지 않았다. 의미 없고 부질없는 일이라 말하고 싶으나 아이들의 생각이 확고해서 더는 말을 하지 못했다. 하기야 품을 떠나간 자식을 그리워하던 아비였고, 누워서도 자식들 곁에 가고 싶다던 남편이었다. 그가 벗어 두고 떠난 껍데기가 이국땅으로 이사할 준비를 했다. 산 목숨은 내것이지만 사후는 자식들의 몫이라 생각하니 마음이 바빠졌다.

고개를 숙인 춤꾼이 무대 위를 빙글빙글 돌고 있다. 손을 하늘로 올리고 발을 동동 구른다. 북소리가 둥둥 울리자 춤꾼의 걸음이 가벼워지면서 머리는 하늘을 우러른다. 내 심정을 어이 저리도 알까. 갈 길 잃은 나도 빙글빙글 돌았다. 어찌할까. 어디로 갈까. 그리움의 땟자국이 아직 남아있는데 보내놓고 허전한 마음을 어이할까. 그렇구나. 조금만 떼어서 보내고 나머지는 나 죽고 나면 너희 마음대로 하라고 일러주리라.

명복공원으로 가서 드디어 봉함을 뜯었다. 유골함에 눈에 익은 이름이 적혀있다. 칠 년의 낮과 밤을 어둠 속에 있던 남편이 세상에 다시 나타났다. 뚜껑을 여니 누런 황토가 가득했다. 황토는 습기와 벌레를 차단하려고 덮어둔다고 했다. 그가 불가마로 들어갈 때 까무러친 나는, 뒷수습하는 것을 하나도 보지 못했다. 분골이 아니고 쇄골이라 했다. 준비해간 한지에 뼈를 한 조각 꺼내서 조심스럽게 담았다. 냉기와 정적을 깨트리는 한마디가 흘러나왔다.

"여보, 미국 가요. 당신 좋겠다. 아이들이 보고 싶어 하네."

지하실이라 목소리가 울려 이 벽 저 벽을 치며 돌아온 소리가 귓속에서 윙윙거렸다. 혹여 누가 볼까 봐 가슴이 콩닥거렸다. 두리번거리며 그를 품에 안고 자동차를 탔다. 집으로 오면서 그동안 있었던 일을 남편에게 조곤조곤 알려주었다. 오랜만에 그의 부재로 맺힌 매듭을 한 가닥씩 풀어내니 속이 시원했다.

어둑한 땅속에서 껍질을 벗고 세상에 나온 매미처럼 남편이 내게 와 있다. 시간의 힘이었을까. 공간을 뛰어넘은 자의 능력이었을까. 무섭거나 두렵지 않았다. 영정 사진을 탁자 위에 세우고 하얀 상자에 수건을 깔았다. 유골을 내려놓으며 당신 침대라고 말했다. 죽은 이와 대화를 하고 잠을 자는 내 행동이 그다지 비난받을 일은 아니리라. 남편을 미라로 만들어 몇 해를 동거했다는 매스컴에 떠들던 그 이야기가 방법이 다를 뿐이지 남의 일이 아니었다.

 소문을 들은 친구가 큰일날 짓 했다면서 당장 원상복구 시키라고 했다. 미국으로 가는 시간이 한 달이나 남았는데 그때까지 집에 두면 상하게 된다고 난리였다. 신체 일부를 갈라놓지 말라고도 했다. 순교자들의 유해도 세계 곳곳에 흩어져 있는데 뭐 그리 문제가 될까마는 말리는 사람이 많은 걸 보니 잘못되었다는 생각이 들기도 했다.

 제자리에 가져다 두는 것도 문제였다. 변덕스러운 사람이 될 게 뻔했다. 또 고민이 시작되었다. 아이들에게 전화했더니 꽤 놀란 모양이었다. 엄마가 뼈 한 조각 꺼내 와서 마음고생한 것이 미안했는지 원하는 대로 하라고 했다. 나에게 선택권이 주어진 것이다. 나 죽고 나면 그때 너희 뜻대로 하라고 말해주었다.

 이박삼일의 재회는 끝이 났다. 염치없지만 관리인에게 유골을 제자리에 두겠다고 말했다. 무덤을 여는 것은 불법이었다. 그도 내게 생각이 짧았다고 했다. 세상살이가 마음먹은 대로 살아갈 수 없는 일이다. 법도가 있고, 순리대로 살아가는 것이 사람도리인 것을 부족한 생각으로 잘못을 저질렀다. 하마터면 남편은 떠돌이가 될 뻔했다. 그의 영정 앞에 좋아했던 술 한 잔 올리고 용서를 청했다.

춤꾼이 하늘을 향해 비손한다. 우리네 삶에 좋은 일만 가득 하라고 기원하는 의식이리라. 조명이 서서히 밝아온다. 북소리가 낮은 음을 내면서 조용히 가라앉는다. 장단과 가락의 선율 따라 뛰어오르고 사뿐히 내려앉기를 반복하면서 춤꾼은 수많은 언어를 몸으로 말한다. 흐느끼고, 말하며, 이박삼일의 고뇌와 번민 속으로 나를 데려갔다. 하늘을 찌르는 손끝을 바라보며 땅을 구르는 발소리 따라 한판 즐기고 나니 세상사 부질없고 이승의 인연 끝나면 공空이라는 소리가 들린다.

제3부

벗꽃엔딩

약육강식은 인간 세상에서도 마찬가지다.
승자독식이다. 한 나무에서 태어난 가지라도 유독
욕심 많은 형제가 있다. 착한 형과 얼치기 동생을
제치고 부모의 재산을 독식한 살찐 고양이 같은 사람 말이다.
그 집 주변에는 훔쳐 먹는 쥐새끼가 한 마리도 없었다. 높은 담장은 장미 넝쿨로 덮여 있었고,
워낙 큰소리로 떡 버티고 두 눈을 부라리니 감히 넘볼 수가 없었다.

- 벚꽃엔딩
- 파초
- 절도죄
- 잘왔다 내 새끼
- 천천히, 연습중
- 돌탑
- 카카오페이
- 그때 그사람
- 타투 동호인
- 씨앗, 그 본능
- 우리의 것

벚꽃엔딩

 매기찜을 시켜놓고 기다리고 있다. 난분분 흩날리는 벚꽃을 바라보며 평상에 앉았으니 온갖 상념들이 다투어 다가온다. 꽃은 이제 절정을 넘기고 기우는 중이다. 인생 덧없음을 생각하며 꽃타령을 하고 있는데 식당 주인이 생선 냄비를 들고 "살찐아!" 하고 부른다. 어디선가 비호처럼 고양이들이 달려온다.

 워낙 고양이를 싫어하기 때문에 한 번도 녀석들을 똑바로 본 적이 없다. 그런데 오늘은 놈들의 전쟁을 이 두 눈으로 생생하게 목격하고 만다. 생선을 보자 무리 중에 크고 살찐 얼룩이가 밥그릇을 차지한다. 고양이는 당연히 '야옹'이라고 해야 맞지 않는가. 생선을 뜯으면서도 계속 '으렁으렁' 소리를 낸다.

 마치 케냐 국립공원 사파리에서 호랑이를 만난 듯 착각에 빠진다. 녀석은 소리로 제어하는 것이 부족한지 제일 큰 고깃덩이를 물어내서 발로 잡고 뜯기 시작한다. 지켜보는 내 심장이 두근거린다. 크고 힘센 놈이 장땡이라는 생각이 들자 팔뚝의 터럭까지 소름이 돋는다. 저놈이 배불리 먹은 후에나 껍데기와 뼈만 앙상하게 남은 것이 약자의 몫이 되리라.

　제 몫을 뜯었으면 그만이지 목젖으로 갈갈 소리를 내며 지켜보는 심보는 무엇일까. 새총이 있으면 겨누어 머리통을 갈겨 주고 싶다. 차마 입 밖에 내지 못하고 속으로 구시렁거린다. '배 터져 죽겠다.' 사냥해서 살아야 할 것을 식당가에 기대어 빈둥거리며 밥그릇을 차지하는 모양새가 내가 아는 어떤 사람과 닮았다.

　약육강식은 인간 세상에서도 마찬가지다. 승자독식이다. 한 나무에서 태어난 가지라도 유독 욕심 많은 형제가 있다. 착한 형과 얼치기 동생을 제치고 부모의 재산을 독식한 살찐 고양이 같은 사람 말이다.

　그 집 주변에는 훔쳐 먹는 쥐새끼가 한 마리도 없었다. 높은 담장은 장미 넝쿨로 덮여 있었고, 워낙 큰소리로 떡 버티고 두 눈을 부라리니 감히 넘볼 수가 없었다. 그의 피붙이들은 가시에 찔릴까 봐 기웃거리기조차 싫어했다. 무서워서 피한 것이 아니라 더러워서 멀리했으니 그 집은 고립된 성城이었다.

　그런 그가 호흡곤란 증세로 황천길에 들었다. 뱃속에 가득 담기만 하고 내보내지 않았으니 숨이나 제대로 쉬었을까. 그의 집은 아방궁이었다. 삶의 목표가 다른 사람에게 보이기 위한 것이 세상의 전부인 듯했다. 천년만년 살 듯 움켜쥔 재산은 어느 손에 들어갔는지 가뭇없이 사라지고, 인생에 있어서 무엇이 소중한지 모르고 살았던 그가 불쌍하다.

금은보화가 아무리 많으면 무슨 소용 있으랴. 그 많은 것들이 그림의 떡이었다. 쟁여놓고 눈요기만 하다가 빈손으로 갈 것을. 철통같은 수비를 했으나 쥐새끼를 집안에서 키울 줄이야! 그가 북망산천으로 허우적거리며 떠나자 자식들이 난리가 났다. 지분을 더 받으려고 효도를 많이 한 척 목소리 높이다가 등을 돌리고 말았다. 서로 차지하려고 아귀다툼을 하면서 저희끼리 눈총을 겨누고 멍을 남겼다.

눈치만 보는 비쩍 마른 고양이한테 밥그릇을 양보하면 좋겠는데 배불뚝이 저놈은 요지부동이다. 저놈을 때려눕히면 힘없는 고양이들이 마음 놓고 먹을 수 있으려나 생각하는 찰나에 밥그릇을 엎으며 살벌한 싸움이 시작된다. 물어뜯고 할퀴면서 엉겨 붙는다. 참고 기다리다 지친 고양이가 반기를 든 것이다. 아무렴, 못 참지. 밥에 대해서는 비굴해지면 아니 된다. 진작 용기를 내 볼 것이지 찌꺼기만 남았는데, 그래도 늦지 않았다.

살이 쪄서 부피가 큰 놈이 뒤뚱거리며 나가떨어진다. 이긴 놈이 하늘을 향해 "이야옹!" 승전고를 울린다. 진 놈이 비틀거리며 평상 밑으로 자리를 옮긴다. 세상에 영원한 것은 없다. 화무십일

홍이다. 잠시 부귀영화가 무슨 소용이랴. 화르르 꽃비가 내린다. 봄날은 올해도 덧없이 가고 있다.

파초

　고택 정원에서 파초 한 그루를 만났다. 큰 키에 쭉 빠진 초록의 몸매가 눈을 시원하게 해준다.
　파초는 옛날 옛적 중국 남방에서 들어왔다고 한다. 관상용이지만 잎과 뿌리가 민간요법의 약초로 쓰이니 귀한 몸이다. 중국에 다녀온 조선의 사신들이 귀한 파초를 임금에게 바쳤다. 임금이 정원에 심어놓고 즐기자 사대부들도 모방하며 자신의 뜰에 심었다고 한다. 파초는 사대부가에 꼭 있어야 할 정원수이었는가 싶다. 초의선사의 다산 초당도에도 파초가 그려져 있으니 말이다.
　멀리서 이주해 온 파초를 보고 있자니 다문화 가족이 떠오른다. 다문화 현상은 고대부터 이루어지고 있었다. 유라시아에서 중원으로, 중원에서 동아시아로 끝없이 인류는 이동하면서 생성과 소멸의 순환을 이어갔다. 어찌 보면 인간은 태생부터 떠돌이 유목민이었는지 모른다. 철학자 들뢰즈는 인간의 꿈은 점점 더 나은 환경을 찾아 꿈틀거리고 나아가는 리좀형이라고 했다. 서로 다른 것들이 단일 중심의 통제나 주변의 구분 없이 얽혀 생존하는 현상을 말한다.

파초처럼 낯선 곳에 뿌리박은 사람이 있다. 팔순이 된 우리 동네 왕 씨는 중국인 3세다. 그의 할아버지가 청년 시절에 들어와서 터를 일구고 씨를 뿌렸다. 남의 집 점원으로 궂은일을 도맡아 하면서 자장면 뽑는 기술을 배웠다. 땟물에 전 옷을 입고, 찌든 인생을 살면서도 언제나 구십 도 각도로 인사를 했다. '짱깨'라고 무시당했지만, 사람들에게 감사하다는 소리를 입에 달고 살았다. 그는 지금도 '예스 맨'이다. 왕 씨의 성공 비결은 말이 통하지 않으니까 누가 무슨 말을 해도 무조건 "예"만 했다고 한다.

꿈을 안고 이국땅에 터를 잡았지만, 사는 것이 그리 녹록하지 않았으리라. 낯설고 물선 이국에 뿌리내리기가 그리 쉬웠을까. 이방인에 대한 막연한 거부반응이나 낯섦에서 오는 차별의식을 당하면서도 왕 씨는 열심히 살았다. 그의 진정성을 사람들이 인정하고 받아주면서 가게는 점점 확장되었다. 성공한 그는 당당하게 한국 국적을 취득했다.

그때와 지금은 시대가 바뀌었다. 다문화의 배경에는 이주노동자와 결혼 이민자가 있다. 개도국 사람들이 코리안 드림을 안고 합법적으로 들어오고 있다. 그들에게는 대한민국은 무한가능성을 가지고 있으며, 기회의 땅이라고 한다. 우리는 정보의 물결이 넘쳐나는 정보화 시대에 살고 있다. 국가라는 개념이 없어지고 세계 시민사회가 된 것이다. 굳이 재래종, 토종이라고 우겨댈 필요도 없다. 토종 식물과 외래종이 교접해서 새로운 우열 품종을 만들기도 하지 않던가. 내가 가진 문화와 내 삶의 방식이 최고라는 관점에서 벗어나, 문화 상호주의의 가치를 우리 사회에 심어야 하리라.

  우리 집은 다문화가정이다. 나의 마음 밭에 파초 한 포기를 심은 셈이다. 중국계 싱가포르 아가씨를 며느리로 맞이했다. 아들과 며느리는 캠퍼스 커플이다. 미국 유학을 간 아들에게는 영어 잘하는 여자가 필요했고, 며느리에게는 영주권을 가진 남자가 필요했다. 그 사이 두 사람은 외국생활의 고달픔이 더해져서 사랑이 싹텄다. 외국인과 결혼하겠다는 아들을 향해 모진 말을 퍼붓기도 했다. 내 의식으로는 어림 반푼어치도 없었다. 고리타분하고 고지식한 수준이랄까? 그렇게 좋으면 같이 살되 아기는 낳지 말라고까지 했다. 단일 혈통이 아닌 자손을 우려해서였지만, 한걸음 물러날 수밖에 없었다. 조상님께 어떤 변명을 해야 할까 걱정이 앞서지만, 시공을 초월한 어르신들이 이해할 것이라고 믿는다.

문화와 풍습이 달라 못마땅하고 부족한 것이 많지만 어쩌랴. 서로의 다름을 인정하고 삶의 방식을 이해해 주어야 내 가족이 되리라. 우리말을 못하는 것도 탓하지 않으련다. 며느리가 낯선 문화에 적응할 수 있도록 적극적으로 도와주고 기다려주는 수밖에 없다. 파초는 겨울이 오면 보호막을 쳐주고 갈무리를 잘해 주어야 한파를 이겨내고 새롭게 태어난다고 한다. 이처럼 며늘아기를 사랑으로 보살피면 잎 내고 꽃 피우며 열매도 맺으리라.

  고택에 몸담은 세월이 수 백 년이라는 파초의 푸른 잎을 쓰다듬어 본다. 인고의 세월을 이겨낸 모습이 장하다. 내 나라, 내 민족을 부르짖던 시절은 끝났다. 이식된 파초의 왕성한 기운을 받아 내 며느리도 이 땅에 뿌리내리고 또 세계 시민으로 거듭나기를 바랄 뿐이다.

절도죄

  귀촌한 지인이 몸져누웠다는 소식이 들려왔다. 양파를 뽑아 물기를 말리는 중인데 화물차 한 트럭분이 간밤에 없어졌단다. 일손이 모자라 팔순 노인들까지 동원해서 작업을 했건만 어이없는 일이 벌어진 것이다. 이웃들도 안타까워서 농작물 도둑은 천벌을 받아야 한다고 떠들었다.

  술렁거리는 동네 사람들 얘기를 듣고 있다가 지난가을이 떠올라 뜨끔했다. 송내 마을 올라가는 길목에 감나무 밭 담장이 탱자나무로 둘러져 있었다. 탱자를 보면서 내 눈이 반짝거렸다. 몇 개쯤 실내에 두고 싶은 욕심은 기억 속의 향기가 후각을 자극한 탓이다.

  자동차를 길가에 세우고 탱자나무에 매달렸다. 탱자 따기도 그리 쉬운 일은 아니었다. 가시에 찔려가면서 몇 개를 땄다. 한참 탱자에 정신 팔려 있는데 찢어지는 금속소리가 '끼익' 하고 났다. 남자가 자전거에서 부리나케 내렸다. 그는 노란 얼굴로 숨을 헐떡이면서 생난리를 쳤다. 초록색 새마을 모자 속의 눈빛은 살기가 돌았다. 나는 훈육주임 선생님께 걸린 학생처럼 손에 탱자를 쥐고 차렷 자세로 촌로 앞에 서서 벌벌 떨었다.

"농산물에 손을 대면 벌금에 구속이요!"

나는 구속이라는 말에 가슴이 벌렁거렸다. 손바닥을 싹싹 비볐다. 남자의 굳었던 인상이 살짝 풀리는가 싶었다. 탱자를 땅바닥에 내려놓으라고 했다. 바닥에는 이미 떨어진 흙 묻은 탱자가 자부룩하게 깔려있었다. 내 얼굴이 벌겋게 달아올랐다. 살다 이렇게 심한 봉변은 처음이었다. 심보가 고약한 것 같았다. 그깟 탱자 몇 개 땄다고 그렇게 몰아세우다니.

탱자가 농산물이 아닌 줄 남자도 번연히 알고 있을 터이다. 그렇지만 탱자 한 개라도 마을 밖으로 내보내고 싶지 않은 심정 아니겠는가. 낯선 사람이 어슬렁거리면 주민 모두가 주인의식으로 마을을 지킨다. 마을 입구에 정말 현수막이 붙어 있었다. "농작물에 손을 대면 절도죄로 벌금 이백만 원이며 구속입니다." 바람에 펄럭거리는 현수막이 나를 보고 웃는 듯했다.

그날 일을 생각하면 지금도 부끄럽다. 농작물 절도는 마땅히 처벌받아야 한다는 것, 나도 같은 생각이다. 탱자 몇 개 따려다가 엄청 혼이 났는데 피땀 흘려지은 농산물을 두꺼비 파리 삼키듯 꿀꺽한 파렴치범은 어떤 중벌로 다스려야 할까.

소위 '징벌적 손해배상'을 적용해서 작게는 3배, 또는 그 이상 배상하는 경우가 있다고 한다. 농산물 절도는 단순 절도가 아니라 농민의 피땀을 훔치는 특수한 절도이므로 지인의 양파 농사를 5년쯤 대신 짓도록 하면 어떨까 싶다.

잘왔다 내 새끼

 태어난 지 달포쯤 된 예쁜 강아지를 입양했다. 진돗개와 시바가 섞인 잡종인데 북극곰 새끼처럼 귀엽게 생겼다. 집에 데려온 첫날부터 깨갱거리기 시작했다. 밤새 울고도 힘이 남는지 날이 밝아도 멈추지 않는다. 사료에 우유를 섞은 이유식을 주어도 막 무가내다. 낯선 곳이 두렵고 어미와 형제를 찾고 있는 모양이다.
 강아지 우는 소리를 듣고 있으니 반세기 전의 일이 퍼렇게 살아난다. 엄마는 서른여덟에 과부가 되었다. 가난을 짊어지고 혼자 힘으로 다섯 자식 키우기가 버거웠다. 보기가 딱했는지 수녀님이 아이 하나를 남의 집에 보내자고 했다. 서울의 어떤 집에서 양딸로 받아 대학교도 보내고 유학도 시켜준다고 했다.
 누가 가야 할까. 맏딸인 나는 살림 밑천이었고, 둘째는 아들이라서 엄마의 울타리였다. 막내는 어려서 보낼 수가 없고 셋째와 넷째가 남았다. 넷째는 성질이 땡벌 같아서 남의 집에 보내면 민폐 끼칠까 봐 걱정되었고, 셋째는 무던하고 조용해서 별명이 곰이었다.

그때 셋째는 중학교 일 학년이었다. 시골뜨기가 서울 여학생이 되는 것도 매력 있고, 자가용으로 학교를 보내준다는 것도 구미가 당기는 일이었다. 매사에 걱정되는 일이 없고 낙천적인 동생은 눈을 껌벅거리고 앉아 있다가 "누가 가겠노, 내가 가야지." 하면서 아무렇지 않은 척했다. 착한 동생은 본인이 희생해야 엄마와 형제들을 도와주는 것으로 생각했다.

서울에 연락했더니 반색을 하며 예쁜 공부방을 만들어 책상도 들이고 침대도 준비했다. 그야말로 동생은 공주가 되는 것이었다. 좋겠다며 형제들은 웃고 있는데 엄마의 표정은 그게 아니었다. 눈물을 보이지 않으려고 밖으로 나가셨다. 속울음을 삼키는 엄마의 마음이 어떠했을까.

동생이 서울로 가는 날이었다. 기적소리가 울리는데도 가방을 붙든 채 하염없이 흐느꼈다. 나는 가방을 매몰차게 낚아채서 동생의 손에 쥐어 주었다. 엄마는 나더러 "모진 년"이라고 했다. 집으로 돌아오면서 엄마는 내 등을 자꾸 두들겨 팼다. 당신의 살점 하나가 떨어져 나가는 아픔 때문이었다.

동생이 떠난 집은 썰렁했다. 적막강산이라고 할까. 아이 다섯이 수런거리던 집이 절간 같았다. 엄마의 한숨과 눈물이 집 안 구석구석에 가라앉았다. 저러다 병이 나서 돌아가실까 봐 겁이 났다. 나도 얼른 가라며 등을 떠밀었던 죄책감에 시달렸다.

일주일쯤 뒤 미역국이 밥상에 차려졌다. 미역국은 가족의 생일에 끓이는 것이다. 그날이 동생의 생일이었는데 아무도 몰랐다. 자식을 남의 집에 보내고 애를 태운 엄마는 입술까지 파랬다. 생일인데 알기나 할까, 밥이나 제대로 먹었을까. 결국 엄마가 울음을 터뜨렸다. 나까지 울면 동생들이 밥을 못 먹을 것 같았다. 입안에 밥을 한 숟가락 떠 넣었지만, 목구멍으로 넘길 수가 없었다.

바람이 몹시 불었다. 마당에 있는 세숫대야가 우당탕 날아가는 소리가 들렸다. 엄마가 머리를 갸웃거리며 귀를 곤두세웠다. 촉이었다, 엄마의 촉. 삐거덕거리며 대문 여는 소리가 들렸다. 방문을 열었더니 동생이 가방을 들고 서 있었다. 엄마가 맨발로 뛰어나가셨다. 많은 말이 필요 없었다. "잘 왔다. 내 새끼!" 온 식구가 부둥켜안았다. 가슴을 치며 간절히 매달리던 엄마의 기도가 하늘에 닿은 것이다.

그제야 나는 살 것 같았다. 엄마 눈치 보느라 숨도 제대로 못 쉬었던 가슴이 뻥하고 뚫렸다. 동생은 서울에 도착한 날부터 밥을 먹지 않고 울었다. 울기만 하는 아이가 가여웠던지 서울 집에서 대구로 오는 기차를 태워주었다. 언제든지 다시 오라고 했지만, 그날로 그 집과의 인연은 끝이 났다. 다시는 내 자식 아무도 주지 않겠다고 엄마는 약속했다.

가는 세월 누가 막으랴. 피해갈 수 없는 운명으로 엄마는 수壽를 다하셨지만, 그 약속은 아직 유효하다. 입양 사건은 머리와 가슴에서 지워버리기로, 저승 가신 아버지한테도 말하지 않기로 했다. 부모와 자식의 인연을 천륜이라고 했다. 이는 거역할 수 없는 하늘의 사슬이다. 내 몸에서 나오고 내 피에서 생겨난 분신과 헤어지는 그 아픔을 어디에다 비길 수 있을까. 강아지의 어미도 바깥을 향해 슬픈 울음을 울었다고 한다. 짐승도 새끼를 향한 사랑이 이토록 간절한데 하물며 사람임에랴.

엄마는 자식을 버리려 했던 순간의 실수를 가슴에 품고 사신 모양이었다. 당신의 유골을 셋째가 사는 동네 앞바다에 뿌려 달라고 했다. 동생 역시, 기쁘거나 슬플 때면 유난스럽다고 할 정도로 엄마를 찾아 바다로 달려간다. 잊으려 해도 지워지지 않는 상처가 동생의 기억에 머물고 있으리라. 내게도 아직 그 자국이 남아있다. 동생이 엄마한테 다녀왔다는 말을 들으면 비릿한 젖내가 뺨을 적신다.

오동통하던 강아지가 어미와 떨어진 지 하루 만에 얼굴이 반쪽이다. 울고 보채더니 기진해서 잠이 들었다. 꿈속에서도 제 어미를 찾는지 앓는 소리를 한다. 따뜻한 물로 목욕을 시켰다. 수건으로 보듬어 안고 강아지가 살던 집으로 갔다. 형제들이 오글

오글 사는 곳에 데려다주니 어느새 어미가 달려왔다. 쓰다듬고 핥으면서 젖을 물린다.

천천히, 연습중

'사람이 보일 때는 무조건 멈추세요.'
'나도 보행자가 될 수 있어요!'
'숨진 사람이 내 가족일 수도 있어요!'

길거리 현수막의 문구들이다. 내가 사는 산마을에 전원주택단지가 들어선다. 흙을 실어 나르는 덤프트럭이 쌩쌩 달린다. 덤프트럭의 횡포는 자동차끼리도 무섭다. 커다란 트럭이 쌩하고 달리면 소형자동차는 바람을 맞아 휘청거린다.

달포 전, 우포늪 생태체험을 하고 창녕을 지나 풍각재를 넘는 길이었다. 어둑한 밤길이라 조심해서 도로에 들어서는데 갑자기 커다란 노루가 앞을 지나갔다. 뒤이어 새끼 한 마리가 자동차 불빛 속으로 뛰어 들었다. 커브 길이라 위험했지만, 급정거를 했다. 앞 범퍼에 쿵하는 소리가 들려 숨을 죽였다.

쿵쿵거리는 가슴을 진정하고 고개를 들었더니 궁둥이에 보송보송 털 방울 두 개가 달린 새끼 노루가 산으로 달아났다. 녀석도 나만큼 식겁했을 것이다. 도로를 먼저 건너간 어미도 가슴을 태웠으리라. 로드 킬, 생각만 해도 아찔해서 가슴을 쓸어내렸다. 짐승 한 마리 어떻게 되었다고 감옥 갈 일은 없겠지만, 두고두고 자책감으로 마음이 괴로웠으리라.

동물이 위협받는 세상이다. 산을 잘라 길을 만들고 터널이 생기면서 생태계의 교란이 생겼다. 에코브릿지를 만들어 동물이 도로를 건너갈 수 있도록 해두었지만, 자연에 길든 짐승이 문명 세계에 쉬이 적응할 수 있을는지 의문이다. 차에 치여 죽은 생명이 땅바닥에 누워 있으면 미안하고 섬뜩한 생각이 든다. 문명이 발달하면서 자연 환경이 파괴되고, 멸종되는 짐승들이 늘어나고 있다. 우리나라 산중에 호랑이와 곰은 아득한 옛날 이야기다. 호랑이는 일제 강점기에 가죽을 쓰기 위해 일본인들이 포수에게 돈을 주어서 포획했다고 한다. 곰은 웅담을 얻기 위해 잡았다고 했던가.

환경문제의 대부분이 인간 중심주의에서 비롯되었다는 인식이 확산하면서 새로운 패러다임으로 '생태 중심주의'에 많은 사람들이 관심을 두게 되었다. 지구를 하나의 생명체로 보면 모든 생명이 유기적으로 연결되어 있다고 한다. 생태 중심주의는 자연에 대한 모든 생물의 생존권을 인정하고 인간과 자연의 윤리적 관계를 회복하려는 환경운동이다.

인간은 자연 전체에 대하여 보존의 의무를 지고 있다. 인간도 별개의 존재가 아니라 자연의 일부분이기 때문이다. 생명 있는 것은 다 소중하다. 산길에서 갑작스레 동물을 만나게 된다고 해도 그대로 들이받을 사람은 없을 것이다. 자연을 소중히 여기는 것은 누구나 지켜야할 당위이자 약속이므로 단속이 아니라 실천이다.

숱한 로드 킬 사고 후에 세워진 대책은 서행이다. 가창에서 헐티재 가는 길이 구간 속도 40Km로 조정되었다. 달리는 습관이 하루아침에 조절되지 않는다. 천천히 달렸다고 생각했는데 16Km 초과했다고 범칙금이 나왔다. "그것 참!" 속이 답답하지만, 자연을 감상하면서 천천히 운전하는 연습 중이다.

빠르게 오가면서 느끼지 못했던 아름다운 풍경이 눈앞에 펼쳐진다. 들국화, 쑥부쟁이가 산자락에 지천이다. 벚꽃 이파리가 가을옷으로 갈아입고 이별 준비를 한다. 아기 다람쥐가 쪼르르, 바위 뒤에 숨어서 까꿍 얼굴을 내민다.

돌탑

 내 몸이 붉어진다. 마을 입구에 있는 돌탑 때문이다. 켜켜이 쌓인 이끼는 세월의 더께일까. 청태로 뒤덮인 옛 성벽처럼 느티나무를 병풍삼아 앉아 있는 탑의 모양새가 예사롭지 않다.
 돌탑은 지름이 5m, 높이가 3m인 둥근 원형이다. 모나고 뾰족한, 수많은 돌을 괴어서 만든 탑은 움푹하게 가운데를 중심으로 둥글게 쌓여있다. 그 복판에 디딜방아 절구공이 같은 길쭉한 돌이 꽂혀 있다. 마을 입구에 수령이 오래된 나무나 커다란 바위를 수호신으로 모신 것을 본 적 있으나 음과 양의 궁합을 인위적으로 만든 돌탑은 처음 보았다.
 그 돌탑을 만나면 시선을 어디에다 둘지 민망하다. 쳐다보면 누가 흉이라도 볼까 봐 마른침을 삼키면서 잰걸음을 걸어야 한다. 필경 곡진한 사연이 돌탑에 숨어 있으리라. 마을에 사는 바깥노인들한테 물어보려니 요망한 여편네라 생각할까 조심스럽고, 안노인들한테 물어보려니 입방아의 대상이 될까 염려스럽다.

 마침내 용기를 냈다. 몇 해 전에 귀촌했다는 여인의 집을 찾아가서 돌탑에 대해서 물어보았다. 그녀는 이사한 지 삼 년이 되었지만, 그냥 돌무더기로 보았고 한 번도 궁금해 본 적이 없다고 웃었다. 이왕 소문날 바에야 알아내고 말리라. 내친김에 부탁을 했더니 최고령자인 마을 회장 집으로 안내했다. 초저녁임에도 잠자리에 들 준비를 하던 노인이 여인들의 방문을 반갑게 맞아 주었다.

 돌탑은 동제를 모시는 곳이라고 했다. 현세와 내세에 대한 두려움과 불안으로 어딘가에 기댈 곳이 사람들에게 필요했었나 보다. 처음에는 마을에서 가장 오래된 나무 밑에서 동제를 지냈다. 별 효험이 없자 돌을 쌓아 제사를 모셨는데 그것도 신통치 않아서 지금은 그만두었다고 했다. 회장님의 연세가 구십인데 자신도 부모님으로부터 전해들은 이야기라고 한다.

 필시 동제는 다산과 풍요를 기원하는 의식이 담겨있을 것이다. 이 마을에는 산골치고 유독 무덤이 많다. 무덤마다 남근을 상징하는 비석들이 서 있다. 남근을 세운 것은 조상님의 보살핌을 염원하는 의미였으리라. 자식을 여럿 낳아도 역병으로 잃어버리고 겨우 한두 명을 건졌으니 조바심이 났을 게다. 또한 풍년을 비는 마음도 읽혀진다. 마을이 깊은 산중이라 천수답으로 농사를 지었으니 가뭄과 홍수로 먹고 사는 것도 팍팍했을 것이다.

신통치 않았다는 말을 곰곰이 생각해 본다. 더 이상 나무신, 돌신에게 매달릴 필요가 없게 되었다. 과학문명과 의학이 발달하면서 사람들의 의식이 깨어서이리라. 댐을 만들고 수위를 조절하면서 농사를 짓게 되니 자연재해에 대처할 수 있어서 저절로 풍년가를 불렀으리라. 또한, 병이 들면 현대 의학의 힘으로 건강을 되찾게 되었으리라.

후손들은 정성을 다해 탑을 쌓고 복을 빌었던 조상을 잊지 않고, 동제를 지냈던 제단을 마을 한복판에 모시고 산다. 지금은 제사를 지내지 않지만, 오랜 세월이 흐르는 동안 비손하던 제단이 아니던가. 돌탑에는 단합된 힘으로 일치를 이루면서 재앙을 극복하고 풍요를 기원했던 사연들이 서리서리 묻어있다.

동제를 바쳤던 돌탑이 내게는 설치미술의 작품으로 보인다. 옛 사람들의 예술적 감각과 지혜가 놀랍기만 하다. 한 개씩 돌을 쌓을 때마다 그들은 소원을 빌었으리라. 우뚝 솟은 가운데 돌은 인간의 원초적 본능을 자극하는 것이 은근하다. 몸이 반응하는 것을 보니 나도 아직은 여자인 모양이다. 탑을 훔쳐보면서 관능이 꿈틀거렸으니 말이다.

돌탑의 모양을 보고 수치스럽다고 폄하하면 안 될 것이다. 휘영청 달이 밝으면 탑의 정기를 받아 종족보존을 게을리 하지 않앉을 선조들의 삶을 떠올린다. 동제는 비록 멈추었지만, 귀농하는 인구가 늘어나는 것을 보니 음과 양의 기운이 쇠락하지 않은 모양이다. 돌탑은 무성하고 짙은 나무 그늘에 숨어서 지금도 제 역할을 다하고 있는 셈이다.

인사를 하고 나오는 뒤통수에 대고 회장님이 한마디 한다.

"참 나 원, 사흘 전에도 여자가 찾아와서 꼬치꼬치 묻더만은, 요새는 여자들이 어째 저 모양이고."

'거참, 회장님은 여자가 있어야 세상이 보존되는 것을 모르시는가 보다.'

카카오페이

친정고모와 숙모님을 모시고 '거금도' 여행을 떠나기로 했다. 우리 집안에 어른이라고는 두 분밖에 없다. 친구들이 엄마와 여행 간다는 말을 들을 때마다 가슴 한구석이 저릿했다. 어머니 대신이지만 효도관광을 가려고 계획을 세웠다.

그냥 갈 수도 있었지만 머리를 좀 굴렸다. 두 노인네 사는 형편은 나보다 낫다. 자식들이 제 몫의 삶을 잘하고 있어서 경제사정이 꽤나 괜찮은 편이다. 사촌 동생들에게 효도관광 가는데 협찬하면 좋겠다는 문자를 보냈다. 오 분도 되지 않는데 카카오페이가 도착했다는 알림 소리가 들렸다.

생전 처음 경험하는 카카오페이다. 협찬하라고 말은 했으나 차마 계좌번호를 적어 주기가 민망스러웠는데 자기들 방식으로 송금을 한 것이다. 폰뱅킹도 꺼려하는 나에게는 엄청나게 생소한 문명이다. 카톡으로 문자만 주고받다가 덜컥 들어온 카카오페이.

어리벙벙했다. 보이스피싱이 무서워서 할 줄 아는 것만 사용하는 수준인데 어쩌자고 동생들은 나를 곤욕스럽게 하는지. 폰맹인 나를 애먹이려고 작정했는가 싶어서 뿔이 났다. 그러나 동생들 마음을 알기 때문에 시대 기류에 뒤쳐진 나 자신을 향해 헛웃음을 지었다.

스마트폰은 컴퓨터 지원 기능을 추가한 지능형 단말기다. 사용자가 원하는 응용 프로그램을 설치할 수 있는 것이 특징이다. 이 시대를 살아가려면 정보통신에 대해서 배워야 할 것도 많고 알아야 할 것도 많다. 인터넷은 정보생산을 통해서, 우리의 생활방식과 사고방식에도 큰 영향을 미친다.

인간이 기계에 심어둔 지식이 전부 정확한 것은 아니지만, 세상 중심에서 살아가려면 하루가 다르게 발전하는 정보지식을 배워야 한다. 삶의 모든 것이 '클릭'으로 해결되고 있기 때문이다. 나는 정보의 홍수 속에서 우왕좌왕 갈피를 못 잡고 산다. 그렇지만 난관에 부딪히면 새로운 돌파구를 찾아나가는 것이 인간이다.

이왕 돈이 들어왔으니 접수하기로 마음먹고 돋보기까지 동원해서 스마트폰을 들여다보았다. 동의서와 약관에 클릭하고 비밀

번호, 계좌번호 등 개인 정보를 모두 등록했으나 자꾸 에러가 났다. 몇 번이나 거듭한 끝에 겨우 '카카오페이 받기 완료'라는 메시지가 떴다. 긴장한 탓인지 시키는 대로 따라하면서 온몸이 땀에 젖었다.

돈이 카카오페이에 들어있단다. 카카오페이 통장에 있는 오십만 원을 어떻게 사용하는지 궁금해서 안달이 났다. 밤 깊은 시간이라 물어볼 곳이 없다. 아파트 생활은 바로 옆집과도 문을 닫고 사는데다 금융에 관련된 일인데 누구에게 가르쳐 달라고 해야 하나? 동생들한테 전화걸기도 애매한 시간이다. 혼자 스마트폰을 주물럭거리다가 밤이 깊었다.

궁하면 통한다는 시답잖은 원칙을 나름대로 고집하고 살았다. 똘똘 뭉쳐진 편향된 생각이 나를 궁지에 몰아넣을 줄 어찌 알았던가. 나는 게으르기도 하고 복잡한 것을 싫어해서 할 수 있는데까지만 허용하고 산다. 아주 기본인 통화, 문자, 카톡, 카메라까지만 알고 있었으니 한심한 일이다. 무슨 일이나 대충대충, 삶은 단순해야 한다는 편견으로 살아온 오만이다. 날이 밝으면 알아볼 요량으로 잠을 청해보았지만, 눈은 점점 초롱초롱했다.

잠은 오지 않고 고속도로 휴게소 식당에서 경험했던 일이 떠올랐다. 요즘은 계산대에 직원이 없다. 무인 자판기에 카드를 삽입하고 원하는 음식을 주문해야 된다. "손님, 메뉴를 선택하세요." AI가 말하는 순서대로 따라야 주문이 완료된다. 처음엔 실패를 여러 번 했으나 지금은 익숙하다. 카카오페이 사용도 숙달되면 괜찮아지려나 싶지만, 조바심은 난다.

비대면 계좌는 금융기관을 방문하지 않고 인터넷 뱅킹이나 스마트폰 전용 애플리케이션을 통하여 개설하는 것이라고 한다. 머리가 뜨끈뜨끈하도록 씨름한 끝에 카카오페이 계좌를 개설했다. 나의 개인정보가 노출되어 피해를 입지 않을까하는 걱정이 앞서지만, 인터넷 응용을 독학으로 학습했으니 노력은 성공의 어머니다.

지금부터 스마트폰 사용자로서 엘빈 토플러가 정의한 제3의 물결 정보사회에 편승하리라. 카카오페이 결재를 횟집에 가서 할까? 갈비집에서 할까?

그때 그 사람

　평온한 오후다. 창을 통해 들어오는 햇살이 따사롭다. 나에게 따스함이란 아련한 그리움으로 이어진다. 이름도 성도 모르지만, 생면부지의 남자 팔을 잡고 매달렸던 기억이 슬며시 웃음을 자아낸다. 몽타주를 그릴 수 있을 것도 같다. 자그마한 키에 가벼운 몸과 뽀얀 얼굴.
　미국 본토에 사는 아이들과 하와이에서 휴가를 보내기로 했다. 인천공항에서 호놀룰루까지는 무사히 도착했다. 거기에서부터 걱정이었다. 마우이 섬으로 가는 국내선 비행기를 타려면 다른 건물로 이동해야 했다. 공항 본 건물에서 좀 떨어진 곳을 물어물어 찾았다. 영어를 못하니 손짓과 표정으로 소통하느라 진땀이 났다. 안내 데스크에 티켓을 보여주고 가르쳐주는 곳으로 찾아가면 'NO'라는 대답을 했다. 이리저리 뛰어다니면서 긴 줄을 서 있다가 혹시나 하는 불안감으로 물어보면 또 아니라고 했다.

외국인은 생긴 모습이 엇비슷해서 국적이 달랐지만, 똑같이 보였다. 하필이면 내가 물어볼 적마다 미국 사람이 아니었다. 이방인끼리 서로 소통하려니 더 혼동이 생겼다. 그들은 잘 알지도 못하면서 친절은 넘쳤다. 긴 줄 끝에서 겨우 탑승구 앞에 다다르면, 승무원이 검지를 까딱거리면서 "NO"하고 밀어냈다.

탑승 시간은 다가오는데 불안했다. 자칫 국제 미아가 될 수도 있지 않은가. 얼굴이 벌겋게 달아오르고 입이 바짝바짝 말랐다. 공항에서 전화기를 로밍했는데도, 아이들과 연락이 닿지 않았다. 마우이 공항에서 기다리는 아이들도 불안하기는 마찬가지였으리라. 다시 안내 데스크에 티켓을 보여주었더니 좀 전에 가르쳐준 곳으로 또 가라고 했다. 이건 아니다 싶어서 사방을 두리번거렸다. 궁지에 몰리면 두려움이 용기로 바뀌는 법이다.

내가 생각해도 기발했다. 사람이 많이 모인 곳으로 가서 무조건 "안녕하세요?"하고 큰소리를 냈다. 작전에 반응이 왔다. 한 남자가 몸을 뒤로 젖히면서 돌아보았다. '옳지, 한국 사람이구나!' 남자 옆에 가서 "반갑습니다, 도와주세요." 눈치 볼 것 없이 손을 덥석 잡았다. 손을 잡은 정도가 아니라 마구 비벼댔다. 스킨십은 친근함의 표시 아닌가. 나의 절박한 구조신호에 그가 응답했다.

전후 사정을 말하면서 티켓을 보여주었다. 겨우 탑승 10분을 남겨둔 시간이었다. 남자가 앞서고 나는 뒤에서 캐리어를 끌고 뜀박질을 했다. 2층 계단을 숨이 턱에 차도록 날아가듯이 달렸다. 겨우 탑승구 앞에 왔건만, 줄이 건물 바깥까지 꼬리를 물고 있었다. 남자는 자신도 시간이 촉박하다면서 나를 데려다주고 뒤돌아섰다.

 돌아서는 남자의 팔을 잡고 붙들었다. 체면도 염치도 없었다. 나 들어갈 때까지 가지 말라고 팔을 잡으면서 애원했다. 마치 떠나가는 연인이 아쉬워 매달리듯이. 애절하게 붙들었기 때문인지 남자는 빙긋이 웃었다. 맨 앞줄로 그가 내 손목을 잡고 다가갔다. 탑승구 직원에게 사정을 얘기했는지 나를 먼저 들어가게 했다. 그리고는 긴 줄을 서서 기다리는 세계 각국 사람들에게 "Sorry"를 연발했다. 손을 흔들며 자신의 갈 길로 달려가는 남자를 향해 두 팔을 올려 하트를 날렸다.

 우여곡절 끝에 비행기를 탔다. 마우이 공항에 도착하여 입국수속을 끝내고 나오는 나를 향해 손자들이 폴짝폴짝 뛰면서 환호했다. 두고두고 그날 사건은 나의 무용담이 되었다. 재수 좋은 여자와 운수 나쁜 남자의 만남이 가능했던 것은 말이 통해서였다. 나 때문에 어정거리다가 비행기는 제대로 타고 갔는지 몇 년이나 지났지만, 지금도 궁금하다. 옷깃만 스쳐도 인연이라는데 어디서 무얼 하면서 사는지…….

 친절함과 배려는 사람의 인품을 판단하는 중요한 근거다. 자잘한 일상생활에도 자신보다 어려운 처지에 있는 타인을 위해 최선을 다하려는 사람, 그는 진정한 인격자다. 10분간의 만남을 '우리'라고 해도 될지 모르겠다. 같은 민족이라는 그 이유로 우리는 잠시나마 하나가 되었기 때문이다. 그에게 행운이 늘 함께하기를 기원한다.

타투 동호인

나는 육식주의자다. 종류를 불문하고 고기를 좋아한다. 한동안 먹지 않으면 속이 메슥거린다. 오늘도 상추를 한 줌 씻어놓고 정육점으로 달려갔다. 고깃간의 붉은 불빛이 군침을 돌게 한다. 진열장에 있는 고기가 욕심나서 이것저것 바구니에 담았다. 포인트를 적립해달라고 했더니 사장이 내 이름과 고객 번호를 기억했다. 깜짝 놀랐더니 이 정도는 고객 관리 차원이라고 했다.

단골로 가는 이 가게 이름은 '행복한 정육점'이다. 집 앞 마트에도 고기가 있지만, 멀리 떨어진 행복한 정육점에 일부러 들른다. 일 년 전, 대표의 어머니가 아들의 고깃집을 이용해달라면서 연락이 왔다. 아들 때문에 매일 눈물 마를 날 없이 살아온 어머니였다. 고등학교 시절에 옆길로 나가서 부모 애간장을 다 녹인 아들이 자수성가했단다.

 터럭 하나까지도 부모로부터 받지 않은 것이 어디 있을까. 온몸에 문신을 새긴 아들을 보고 어머니는 까무러칠 뻔했단다. 너 죽고, 나도 죽자며 아들을 두들겨 팼지만, 머리 굵은 아이를 이길 수 없어서 포기하고 살았다. "효도하겠습니다." 그 한마디 남기고 집을 나갔던 아들이 새사람이 되었다. 사람마다 그릇이 있는 모양이다. 불량아들이 모범생 큰아들보다 부모를 생각하는 품이 더 너르다고 자랑했다.

 개업하던 날 사은품을 받기 위해 줄을 서서 기다렸다. 가게 안에는 검정 티셔츠를 입고 깍둑깍둑 인사를 하는 청년 서너 명이 바쁘게 움직이고 있었다. 대체로 문신은 폭력적인 이미지 때문에 가까이 접근하는 것을 피하게 된다. 나한테 직접적인 해가 없지만, 가까이하기에는 불편한 존재다. 그런 청년들이 사회에 적응하면서 사업장을 운영하고 있었다.

 '어흥!' 하면서 눈빛을 곤추세운 호랑이도 있고, 물보라를 일으키며 곧 승천할 것 같은 용龍이 민첩하게 손님을 안내했다. 놀라서 잠시 숨을 멈추었다. 정육점 대표는 호랑이나 용보다 더 무시무시한 일본의 '닌자' 문신을 온몸에 감았다. 다소 위협적이었지만, 한편으로는 신선하기도 했다. 키가 작달막하고 얼굴이 뽀얀 귀공자 스타일이어서 문신과는 거리가 멀게 느껴졌기 때문이다.

 나는 사람을 만나면 그의 표정과 말씨, 등을 분석하면서 경계하는 습관이 있다. 일단 경계를 허물고 나면 최선을 다하지만, 상대방과 가까워지는 데 시간이 오래 걸린다. 그런데 행복한 정육점은 첫 만남에 경계가 무너졌다. 도무지 알 수 없는 일은 이 가게를 도와주어야겠다는 일종의 의무감이 생긴 것이다.

행복한 정육점 청년들의 '문신'은 나로 인해 그들도 모르는 사이에 트레이드마크가 되었다. 이웃들에게 고기 사려면 '문신집'에 가서 사라고 했다. 문신집 고기가 맛있고, 품질이 좋다면서 선전했다. A등급인지 A+ 등급인지 사실은 품질이 어떤지 잘 모른다. '문신'은 깍둑깍둑 인사도 잘하고, 누구한테라도 덤을 준다. 부스러기 고기를 된장 끓일 때 넣으라면서 주기도 하고, 무쌈이나 파채를 넉넉하게 주기도 한다.

중국의 소수 민족이나 아프리카 원주민들은 몸에다 표식을 한다. 공동체 소속감이기도 하고 다른 부족에게 용맹스럽다는 것을 보여주기 위해서다. 청년들의 몸에 새겨진 문신을 보면서 이런저런 생각이 들었다. '나는 이런 사람이요' 하는 과시일까? 함부로 대하지 말라는 심리적 방어인가? 비록 몸에 문신을 새겼지만 이해하기 나름이다. 비주류의 딱지를 뛰어넘어 열심히 일하는 청년이 보기 좋다. 고객을 맞이하는 목소리는 언제나 한결같은 하이톤이다. 오래가지 못하고 실패할까 봐 걱정하던 나의 조바심은 기우였다.

요즘은 문신을 타투(tattoo)라고 한다. 외래어를 사용하면서부터 고급스럽게 보인다. 멋과 미용으로 많은 돈을 들여서 몸에 새긴다는 타투가 젊은이들에게 인기가 있다고 한다. 목욕탕에서도 엉덩이나 가슴 언저리에 애교점처럼 타투를 새긴 여성을 가끔 보기도 한다. 저렇게 해서 시집이나 갈 수 있을까 하는 걱정은 조금씩 바뀌고 있다. 개인 취향이고 미적 감각이며 퍼포먼스로 바라보게 된다.

'문신' 대표의 사업 수완도 이만하면 성공할 수 있을 것 같다. 가게에 자주 들르는 내 정보를 기억했다가 포인트를 올려주는 그가 멋지다. "어머니, 오늘은 뭐 드릴까요?" 누구한테라도 하는 말이지만, 흐뭇하다. 인연 하나 이어가고 만들어 간다는 것 내게는 소중하다. 말 한마디에 정이 살아나고 행복을 느낀다면 이보다 더 좋을 수 있으랴.

생각해보니 나도 눈썹에 문신을 했다. 하여 우리는 타투 동호인이다.

씨앗, 그 본능

    담장을 타고 앉은 호박 넝쿨을 뒤지다 깜짝 놀랐다. 뽀얗게 분칠을 한 암팡지게 생긴 누런 호박이 나 보란 듯 존재감을 알렸다. 무더위에 지쳐 꽃은커녕 넝쿨이 새들새들 골아서 제대로 살아남을까 의문스러웠는데 불볕에 제 몸을 지켜낸 장한 호박이다. 이파리 뒤에 숨어 기어이 생명을 터뜨릴 씨를 품었다.

    호박죽을 끓일 요량으로 칼을 들었다. 어떻게 살아남은 몸인데 턱도 없는 소리 말란 듯 버팅기고 칼이 들어갈 길을 열어주지 않았다. 쉽게 잘릴 것 같으면 숨고 또 숨어 땡볕과 비바람 맞으며 여기까지 왔을까. 호박이 오히려 날 잡아먹을 듯 노려본다. 요리조리 살펴봐도 칼끝이 들어갈 기미가 보이지 않는다. 세상일에 완벽한 것은 없다. 취약점이 있을 터, 밑둥치가 얇아 보여서 엎어놓고 찔렀더니 수월하게 깊숙이 들어갔다. 방심은 금물이다. 이번엔 호박이 칼을 물고 놓지를 않는다. 흉물스러워 내가 겁이 난다. 씨를 지키려는 호박의 굳은 의지다. 하찮은 식물도 씨를 지키려는 몸부림이 이럴진대 하물며 사람이야 오죽하랴.

  달성군 하빈면 묘골 순천 박 씨 세거지에 가면 모진 세월 숨어서 씨를 지키고 후손을 키운 가문이 있다. 박팽년은 단종 복위를 모의하다가 잡혔다. 그는 옥중에서 숨졌고, 그의 부친은 물론 형제들과 박팽년의 아들 세 명까지 모두 처형되었다. 남은 사람은 대역 죄인의 가족이라 하여 공신들의 노비가 되거나 관비가 되었다. 박팽년의 둘째아들 박순의 아내 성주 이 씨도 관비가 되어 친정으로 내려왔다. 그 부인은 임신 중이었는데 아들을 낳으면 죽임을 당하고 딸을 낳으면 관비로 삼게 되어 있었다.

  성주 이 씨가 해산을 하니 아들이었다. 대를 이을 수 있다는 안도감에 기쁨도 잠시, 아들을 잃을까 두려워서 새가슴처럼 팔딱거렸으리라. 천지신명도 무심하지 않았는지 때마침 딸을 낳은 여종의 제안으로 아기를 바꾸었다. 상전의 아이를 살리기 위해 자신의 여식을 내어준 여종의 충절도 높이 기릴 만하다. 아침마다 호박을 따려고 잎을 들추는 나를 피해 가슴 졸여가며 튼실하게 씨를 품은 누런 호박처럼, 대를 잇고 씨를 지키려는 본능적인 몸부림이었을 게다.

  외조부의 손에 박비라는 이름으로 숨겨 키워진 아이가 열일곱이 되었을 때다. 그의 이모부 이극균이 경상도 관찰사로 부임해 처가에 들렀다가 성장한 그를 보고 자수를 권했다. 이 무렵 조정에서는 사육신들에 대해 의로운 일을 했다는 상소가 올려질 때였다. 박비는 임금을 찾아가 박팽년의 자손임을 털어놓았다. 성종은 놀라 기뻐하면서 특사령을 내리고 이름도 일산으로 고쳐주었다. 그 뒤 일산은 후손이 없는 외가의 재산을 물려받아 하빈면 묘골에 정착하여 묘골 순천 박 씨의 입향시조가 되었다.

호박 한 덩이를 눈앞에 두고 조선의 충신 취금헌 선생 가문의 피바람을 떠올린 것이 죄송스럽다. 아픈 기억을 품은 순천 박 씨 집안이 대대손손 번창하기를 마음으로 빈다.

기원의 마음이 내 앞일로 다가온다. 늦게 결혼한 아들이 후사가 없다. 녀석이 뭐가 부족해서 아이가 없는지 궁금하지만 묻지도 못한다. 저희 둘만 행복하게 살면 된다고 말은 하지만 부모 된 입장에서 그리 쉽게 포기할 일은 아니다. 생기면 낳는다고 하는데 안 생기는 것인지 모종의 계획을 하는 것인지 알 수 없다. 혹시 떠도는 말로 딩크족은 아닌지. 요즈음 젊은이들이 정상적인 부부 생활을 하면서 자녀를 두지 않고 사는 추세가 늘어나고 있다는데 설마 그렇지 않기를 바란다. 씨, 그 소중한 본능에 충실했으면 하는 마음으로 호박을 쓰다듬는다.

칼을 물고 있는 호박을 살살 어르고 달래니 입을 연다. 자연의 신비가 아닌가. 속이 발갛고 촉촉하다. 물기 없는 가뭄 속에서도 씨를 품을 보금자리를 마련했다. 잘 여문 호박씨가 석류 알처럼 촘촘한 이빨을 드러내고 웃는다. 도톰하게 살찐 씨앗이 쭉정이 하나 없이 충실하다. 씨를 발라내어 소쿠리에 담는다. 내년에는 구덩이를 크게 파서 거름을 듬뿍 주고 씨를 심으리라. 씨를 한껏 품은 호박이 주렁주렁 달리리라. 내 마음 전해져서 아들도 좋은 소식 한 자락 들려주면 좋으리.

우리의 것

이른 아침, 블루베리를 따러갔다. 밭은 쑥대가 우거져 발 디딜 틈이 없다. 그런데도 블루베리는 까맣게 제대로 영글었다. 오달지게 익은 열매 한 알을 입에 넣으니 사르르 녹는다. 감사한 마음을 바구니에 채우면서 온몸이 춤을 춘다.

블루베리에 취해 즐기고 있는데 들숨, 날숨으로 숨 쉬는 소리가 들렸다. 커다란 바윗덩어리인 줄 알았는데 누런 털가죽이 번지르르한 고라니 한 마리가 사각사각 배를 채우고 있다. "맛있냐?" 묵묵부답이다. 이놈이 귀가 먹었나? 사람이 안 보일까? 간 큰 놈이다. 사람을 보고도 무서워하지 않고 블루베리를 먹고 있다. 나도 만만찮게 어지간히 간 큰 여자다. 고라니를 보고 놀라지 않았다. 오히려 말을 섞으며 같이 놀고 있다.

그래, 너도 나도 똑같은 입장이다. 남의 밭에 와서 서리를 하고 있으니 말이다. 둘 다 눈치 보지 않고 제 몫을 챙긴다. 푸드덕 소리가 나서 돌아보니 물까치가 떼거리로 몰려와서 블루베리를 기습 공격하고 있다. 물까치는 열매만 보면 싹쓸이 선수다.

인기척이 났다. 고라니가 후다닥 줄행랑이다. 녀석이 남자는 무서운 모양이다. 아침 운동 다녀오던 블루베리 주인이 많이 따 가라고 소리 지른다. 고라니도 먹고, 물까치도 먹고, 사람도 먹고, 우리 모두의 양식이란다. 자연에는 주인이 따로 없고, 하늘에서 주신 '우리의 것'이라고 한다.

도시에서 자랐기 때문에 시골에서 자란 친구들처럼 서리의 추억이 내게는 없다. 주인장의 묵인으로 내 것인 양 대바구니를 가득 채웠건만, 호기롭게 욕심을 부린다. 욕심이 하늘을 찔러 원래 주인이 내려다보시지는 않을지 모르겠다. 슬며시 하늘을 쳐다보니 맑고 푸르다.

자신이 가꾸던 농작물을 우리의 것이라고 말하는 밭주인의 말이 신선하게 들린다. 자연 속의 모든 것은 공동체의 것이다. 공동체의 것이란 태양계 및 지구에 연결된 햇빛, 토지, 숲, 물, 공기, 광물 등이다. 그런데 인간이 사유화를 해서 약탈적 형태를 취한다. 자연에서 생긴, 예컨대 '시에라리온의 다이아몬드, 우간다의 석유, 볼리비아의 물이 사유화 공세의 대상'이라고 한다.

신이 내린 선물, 대자연을 소중히 여기고 상생 공존하면 평화로운 세상이 될 것을 인간의 욕심은 멈추지 않고 있다. 전쟁해서 땅을 **빼앗고**, 마구잡이로 밀림을 훼손시키고 있지 않은가. 문명을 발달시킨다고 하지만, 그것만이 삶을 영위하는 최선의 목표일까. 녹지가 없어지고 도시 열섬 현상으로 지구가 아파서 신음하고 있는데도 말이다. 온난화로 남극의 빙하가 녹아 해면의 수위가 상승하고, 기상이변으로 가뭄과 홍수가 인간을 파멸시킨다. 자업자득이다. 누가 자연재해라고 했는가. 이 엄청난 사건들은 자연재해가 아니라 인간이 자연을 배신한 결과로 얻게 된 인재人災이다.

 인간의 이기심으로 바이러스 팬데믹을 불러왔다. 세계 시민이 두려움과 공포에 떨고 있다. 이 역시 자연을 함부로 다루고 두려워하지 않아서이다. 바이러스가 변이를 계속하면서 오만과 교만에 찬 인간을 조롱하고 있는 것이 아닐까. 인간들이 저지르는 무모한 개발은 멈추어야 한다. 자연의 것은 자연에 돌려주고 그 속에서 함께 사는 일만이 우리가 할 일이다. 인간과 자연이 공존하는 아름다운 세상, 우리가 지켜야 할 약속이다. 우리의 것, 공동체의 것을 지키고 가꾸어 후손들에게 아름다운 세상을 물려주어야 하리라.

 '우리'라는 단어가 이렇게 아름다운 줄 예전에 미처 몰랐다. '나와 너'가 아닌 우리는 함께 사는 사람들이다. 바구니에 소복하게 담긴 '우리의 것' 블루베리가 나를 보고 웃는다. '우리의 것.'

제4부

달로 간 남자

이제 그가 사무치게 보고 싶다. 달거리 하듯이,
달빛 환한 날이면 나는 역마살을 앓는다.
가까운 곳으로라도 한 바퀴 돌아야 마음자리 굳힌다.
그는 짧고 굵게 원 없이 살다 갔다. 여행을 좋아했던 남편과
큰 오토바이를 타고 많이도 돌아다녔다. 롱부츠에 헬멧을 쓰고 머플러를 날리며 달리는
기분이란 풍류를 누리는 자만이 그 짜릿함을 안다.

- 달로 간 남자
- 엄마 손이 내 손
- 살롱과 커피하우스
- 어처구니
- 목욕은 트임이다
- 다 잘될 거야, 힘내!
- 회관
- 랜선시대
- 낚시터에서
- 둘다 옳다
- 몽夢

달로 간 남자

 삼십 년 인연을 갈무리한 남편은 달이 되었다. 새털같이 많은 날 중에 어찌하여 정월 대보름을 택했을까. 본향으로 가는 밤길, 어둠이 무서웠던 모양이다. 그가 가고 이제 좀 담담해질 아량이 생길만도 한데 무량하게 밝은 달빛이 가슴을 적신다.
 그가 남긴 빚이 태산 같았다. 빚도 상속이 된다고 했다. 상속을 포기했지만 자잘한 부채를 감당하느라고 정신없이 살았다. 사는 일이 벅차서 보고 싶다는 생각은 사치였다. 과부라는 낙인을 스스로 화인처럼 새겨놓고 단련하며 살았다. 괜찮은 척, 아프지 않은 척, 세상 걱정 없는 사람처럼 무감하게 지냈다. 내 안의 내가 무너지지 않으려고 발버둥치면서 살아온 세월은 아무도 모른다. 나를 보고 정신력이 대단한 여자라고들 하지만 천만의 말씀, 철저한 위장술이다.

　내게 멍에를 씌운 남편을 원망했다. 조금씩 빚을 갚고 탕감받기도 하면서 삶의 끈을 놓지 않고 버티었다. 옆도 뒤도 돌아보지 않고 열심히 살았더니 빛이 보이기 시작했다. 절망의 끝은 희망의 시작이었다. 강산이 변하고 세월 흘러가면서 원망도 희석되고 괘씸한 생각도 사라졌다. 작은 내 집과 자동차도 마련했으니 마음에 여유가 생긴 것이다.

　이제 그가 사무치게 보고 싶다. 달거리 하듯이, 달빛 환한 날이면 나는 역마살을 앓는다. 가까운 곳으로라도 한 바퀴 돌아야 마음자리 굳힌다. 그는 짧고 굵게 원 없이 살다 갔다. 여행을 좋아했던 남편과 큰 오토바이를 타고 많이도 돌아다녔다. 롱부츠에 헬멧을 쓰고 머플러를 날리며 달리는 기분이란 풍류를 누리는 자만이 그 짜릿함을 안다. 미식가인 그는 풍류 식객이었다. 덕분에 나도 호사를 누리지 않았던가.

　지금은 혼자서도 여행을 잘 다닌다. 아무 생각 없이 나선 길이 낯선 곳이 아니며, 언젠가 한 번 다녀왔던 곳이다. 산으로, 바다로 가는 곳마다 추억이 살아난다. 이번 연휴에 변산반도 쪽으로 갔다. 과거 속에 묻어둔 채 잊고 살았던 장소를 뇌세포가 기억한 모양이다. 채석강 해변이 낯설지 않은 것은 결혼 20주년을 기념하기 위해 다녀온 곳이기 때문이다. 맞춤하여 물때가 맞아서 바닷속 깊은 곳까지 거닐었다. 그때처럼 갯바위에서 소라도 줍고 해삼도 잡았다. 갈매기 한 마리가 먼 바다를 바라보고 있었다. 끼룩끼룩 슬피 우는 갈매기도 나처럼 짝을 잃었을까.

그를 기억할 수 있는 정월 보름달을 열다섯 번째 맞이했다. 자식들은 외국에 산다. 미망未亡이 된 내가 제사를 올리는 것이 망자에게 예가 아닌 듯해서 아들에게 물려주었다. 시아버지 제사를 모시겠다는 며느리가 고마웠다. 외국인 며느리가 제사를 제대로 지낼 수 있을지 걱정이지만 아들의 직업이 요리사여서 문제는 없다. 아들과 가까이 사는 딸이 제사 지내는 모습을 동영상으로 찍어서 보내왔다.

외손자 둘, 친손자 하나, 아들과 딸 부부까지 합쳐서 일곱 명이 제상에 둘러앉아 있다. 남편과 내가 자손을 일곱으로 늘렸으니 흐뭇하다. 하느님 창조사업에 일조한 셈이다. 한복을 입고 엉덩이를 들어 올리면서 절을 하는 손자들이 귀엽다. 손자들이 술을 올리고 있다. 미국에 살지만 한국에 사는 아이들보다 우리 것을 더 좋아하는 아이들이 자랑스럽다.

나는 팔 남매의 일곱째 며느리였지만 시어머니와 함께 살았기 때문에 4대 봉제사를 우리 집에서 모셨다. 힘들어 죽을 지경인데 남편과 아들은 친척들이 모이는 것을 유별나게 좋아했고, 제삿날을 기다렸다. 아들은 어릴 때부터 제사에 올릴 밤 치는 것을 재미있어 했다. 아들이 밤을 치는 동영상을 보면서 흠칫 놀랐다. 어쩌면 제 아버지를 그렇게도 빼다 박았는지 나도 모르게 빙그

레 웃음이 나왔다.

제상에는 삶은 닭이 있고, 삼색 나물에다 탕수까지 차려져 있다. 남편이 좋아했던 스테이크와 햄버거는 물론, 수저 옆에 포크와 나이프도 얌전히 놓여 있다. 경주법주가 아니고 조니워커 블루가 잔에 가득 담겨있어서 기가 막혔지만, 자식들이 정성껏 차린 밥상을 받고 남편도 나처럼 웃으리라. 아버지가 평소에 좋아했던 것을 올린다더니 재미있고 행복해하는 모습이다.

하늘을 올려다보니 밤바람이 차다. 밝은 달빛이 서럽고 시리다. 몇 번이나 더 정월 보름달을 보고 나도 달로 갈 수 있을까.

엄마 손이 내 손

 사람을 만나면 습관처럼 손부터 쳐다본다. 손이 아름답고 예쁜 여자가 부럽다. 뽀얗고 갸름한 손가락을 보면 움켜잡아 훔치고 싶다. 손에 대한 집착은 무의식에 내재한 콤플렉스일 수도 있다.
 퇴행성관절염으로 울퉁불퉁하게 생긴 내 손을 물끄러미 바라본다. 참 못생겼다. 손가락 마디마다 서러움이 방울방울 맺혔다. 귀한 신분으로 태어나지 못한 손을 가만히 모시고 살 수는 없지 않은가. 핸드크림 한번 발라주지 않고 혹사시킨 손한테 미안하다. 화장품 냄새가 싫기도 하였지만, 일감만 보면 달려드는 성정 탓도 있으리라.
 손은 나의 신체 결함 1번이다. 여자들은 손으로 입을 가리고 수줍은 듯 웃지만, 나는 입을 벌리고 웃는다. 얼굴과 손이 전혀 어울리지 않다는 소리를 들은 적이 있기 때문이다. 뒤늦은 후회로 투박한 손에 크림을 발라주고 마사지를 해보지만, 이미 망가진 모양은 되돌릴 수 없다.

손은 인사의 수단이기도 하다. 손을 맞잡으면 신뢰와 친근함을 느끼게 해준다. 그러나 나는 누구와 선뜻 악수하지 않는다. 자고로 여자의 손은 보들보들해야 하리라. 뻣뻣한 내 손의 감촉을 전하고 싶지 않아서이기도 하지만 일종의 열등감이다.

어디서 들은 이야기다. 맏자식은 손발이 거칠다고 했다. 한 번도 열린 적 없던 어머니의 생살을 뚫고 사생결단으로 헤쳐 나오기 때문이란다. 듣고 보니 그럴싸한 말이다. 세상에 나온 맏배의 몫은 짐도 크다. 집안의 크고 작은 일에 언제나 불려 다니고 잘못된 일에는 책임 추궁까지 당한다.

나는 다섯 남매의 맏이다. 두 살 터울로 동생들이 줄줄이 넷이나 있었다. 아마 넷째 동생이 태어나기 전까지는 엄마 손을 잡았을 것이다. 환갑이 지난 동생들의 손이 지금도 예쁜 것을 보면 아마 내 손도 어릴 적에는 조그맣고 예뻤으리라. 그런데 초등학교 다닐 때부터 대청마루를 닦고 설거지를 했다. 엄마는 친구들과 놀지도 못하게 하고, 팥쥐 엄마처럼 심부름과 일을 자꾸 시켰다.

그때 놓아버린 엄마 손을 반세기가 넘어서 잡았다. 사는 것 바쁘다는 핑계로 엄마를 돌아보지 않았다. 내가 나이 들어 돌아보니 엄마는 멀리서 지켜보고 있었다. 여행자클럽에 신청해서 신선이 머물렀다는 선유도로 효도 관광을 갔다. 그동안의 불효를 씻고 기쁘게 해드리려고 나선 일이라 엄마의 모든 청을 들어드렸다. 낙지도 먹고, 마차도 탔다. 엄마는 여행사 로고가 새겨진 브로치를 만지면서 행복해 하셨다.

슬그머니 엄마 손을 잡았다. 공백의 햇수가 너무 길었을까. 어쩐지 서먹서먹했다. 시설에 계신 노인들에게 봉사하러 가서는 서슴없이 그 손들을 잡았다. 그런데 내 엄마 손인데 왜 쑥스러울까. 엄마 손은 마디마디 굽어있고 손바닥은 나무껍질같이 거칠었다. 자식들 건사하며 살다 보니 이렇게 되었단다.

그날, 내 손을 보여주면서 왜 맏딸만 부려먹었느냐고 물어보았다. 눈물을 글썽이던 엄마가 내 손을 당신 가슴에 갖다 대었다. 어린 것이 시키는 일은 다 잘하고 빈틈없이 해냈었다고 했다. 엄마의 말을 듣고 보니 누구를 탓하랴, 내 손은 내 탓이다.

종일, 삭정이처럼 말라버린 엄마 손을 꼭 잡고 다녔다. 길 다닐 때 조심하라고 했더니 나도 엄마 손을 닮았다면서 먼 곳을 바라보셨다. 내 손을 펼쳐서 앞뒤로 살펴보니 뭉툭하고 두툼하게 변해버린 엄마 손을 그대로 빼닮았다. 피는 못 속인다는 DNA의 진실이 밝혀진 선유도 여행은 엄마와 나, 둘만의 처음이자 마지막 나들이였다.

늦게 철이 든 것일까. 엄마의 엄마로부터 대물림한 내 손이 세상에서 제일 아름답다는 생각이 든다.

살롱과 커피하우스

친구로부터 초대장을 받았다. 외출도 함부로 못하고 갇혀 살다시피 하는 상황이라 뛸 듯이 고마웠다. 그냥 놀러가자고 해도 좋을 판에 음악회라니! 단체 관람인데 회원 중에 불참하는 사람이 생겼다. 모처럼 열리는 음악회라 자리가 꽉 차지 않으면 연주자에게 미안하다고 했다. 절대로 사양할 일이 아니었다. 선약이 있었지만, 양해를 구하고 음악회에 갔다.

회원들만 참석하는 자리였는데 나는 뜨내기손님이다. 일찍 와서 간단한 요기를 하라고 했다. 친구가 일러준 대로 머뭇거리면서 카페 안으로 들어갔다. 윤기가 자르르 흐르는 선남선녀들이 인사를 나누며 자리를 채웠다. 팬데믹 규제로 테이블마다 세 명씩 앉아 커피와 샌드위치를 먹는 모습이 낯설지 않고 오히려 고급스럽게 보였다. 연회비를 내고 음악 감상을 하는 상류사회 사교장이라는 느낌이 들었다. 촌스럽기 짝이 없는 나는 눈을 어디에다 둘지 몰라 두리번거렸다.

화려한 샹들리에가 눈이 부셨다. 로코코 장식을 한 카페 인테리어에 현혹된 순간 유럽의 살롱문화와 커피하우스가 언뜻 떠올랐다. 귀부인들이 독서를 하고, 노래도 부르며, 지적인 대화를 나누던 살롱문화는 이탈리아와 프랑스에서 시작되었다. 그 당시 살롱은 남녀의 자유로운 만남이 허용된 곳이자 지성인들의 사랑방 역할을 하는 장소였다. 토론과 교류가 살롱의 핵심이었는데 그 기원은 아테네의 담론 문화에서 비롯되었다고 한다.

라파엘로의 그림 '아테네 학당'에서 그 시대의 사회 풍조를 엿볼 수 있다. 지식인들이 한데 모여 담화를 나누던 전통이 로마의 포럼문화로 자리 잡고, 프랑스의 살롱문화로 정착되면서 유럽 문화의 초석이 되었다. 예술가들은 살롱에서 후원자를 찾기도 하고, 예술을 교류하면서 창의적인 작품을 생산하기도 했다.

커피하우스도 살롱과 비슷한 성격의 문화공간이다. 살롱이 상류층의 사교장이라면 커피하우스는 일반 시민이 자유롭게 만나는 곳이다. 계몽주의와 합리주의 사상이 대중들에게 퍼지던 시기에 커피하우스는 예술가들에게 영감을 제공하는 장소였다. 가난한 예술가들이 드나들던 〈카페 레 되 마고〉와 〈카페 드 플로르〉는 현재까지 파리의 명소로 남아있다.

우리나라에는 1931년 경성에서 최초로 문을 연 다방이 〈낙랑파라〉다. 〈낙랑파라〉 다방은 예술가들이 모여 차를 마시며 대화의 장을 열었던 곳이다. 내가 사는 대구에도 은박지에 그림을 그렸던 이중섭 화가의 백록다방, 구상 시인이 자주 찾았던 꽃자리 다방 등이 있다.

현대는 인공지능이 지배하는 정보화시대다. 사람과 사람이 함께 나누고 공감할 수 있는 라이프스타일은 어떤 것이 있을까? 디지털보다는 아날로그, 커피머신보다 핸드드립. 오디오를 통한 감상보다는 라이브를 보고 들을 수 있는 곳이면 좋겠다.

커피를 마시고 난 뒤 음악회가 열리는 홀로 이동했다. 예술인들이 무대에 설 기회가 줄어든 갑갑한 현실이지만 음악을 즐기는 사람들이 모여서 상생한다. 갈증 속에서 조심스럽게 마련된 자리인 만큼 느낌이 새롭다. 숨소리마저 고요한 객석을 향해 바이올린과 기타의 열정을 실은 연주가 이어졌다. 한 줄 한 줄 현에 맡기고 하늘과 지상을 오르내리는 연주에 가슴이 울컥했다. 들려주는 음악이 아니라 연주자 자신의 삶을 읊조리는 듯했다. 삶에 지쳐 무디어진 오감을 일깨우는 음악은 최상의 치유가 아닐까 싶다.

살롱문화와 커피하우스는 이성과 감성을 나누는 만남의 장소다. 커피하우스에서 현대 버전의 살롱문화를 마음껏 즐겼다. 커피를 마시면서 음악을 듣고, 벽에 걸린 그림을 감상했으니 중세의 귀부인이라도 된 듯하다. 살롱문화에 발을 담글 처지는 아니지만 한 쪽 발끝을 슬며시 담근다. 앞만 보고 달려온 내가 나에게 상을 주는 의미로 사교 클럽에 인적사항을 기록했다.

어처구니

 수성아트피아에서 송년 음악회가 열린다고 친구로부터 연락이 왔다. 내로라하는 성악가들이 연주를 한단다. 예술하는 친구를 둔 덕분에 음악회에 갈 일이 자주 생긴다. 이 옷을 입을까, 저 옷을 입을까? 파티에 가는 설렘으로 마음이 바빴다. 연주회의 격조를 생각해서 관람객의 옷차림도 중요하기 때문이다. 그런대로 봐줄 만큼 차려입고 길을 나섰다.
 한 시간 쯤 여유 있게 도착했다. 로비에서 친구를 만나기로 했기 때문에 건물 안으로 들어갔다. 체온을 재고 나서 접종증명을 하는 라인에서 멈췄다. 아뿔싸! 가방을 뒤지고 주머니를 털어 봐도 전화기가 없다. 상식을 벗어난 나의 행동으로 귓불까지 붉어졌다. 직원은 두 손바닥을 위로 하면서 정중하게 바깥쪽으로 나를 아웃시켰다. 예절바른 행동이었지만 좀 얄미웠다. 건물 밖으로 밀려나온 허탈함이란 참으로 어처구니없는 일이었다.

평소에도 깜빡깜빡 생각이 다른 곳으로 자주 빠져나간다. 잘 차려 입은 모양새로 그냥 나가면 아무런 문제가 없었을 것을, 그 놈의 음식물 쓰레기는 왜 들고 나갔는지 모르겠다. 전화기를 잊어버리고 나갈까봐 손에 들었던 것이 문제 발생의 이유였다. 전화기를 현관 신발장 위에 두고 쓰레기통만 달랑 들고 나간 것이다.

지난주에도 어처구니없이 경험한 일이다. 친구들과 전주 한옥마을에 갔다. 경기전에 모셔놓은 태조 어진을 알현하고 한옥마을을 관광했다. 조선시대와 현대가 맞물린 풍경이 아이러니했지만 봐줄만했다. 젊은이들이 우리 것을 알아가고 몸으로 체험하는 모습들이 아름답게 보였다.

두어 시간 이곳저곳을 다니다가 배가 고팠다. 음식이라면 전주를 빼놓을 수 없지 않은가. 제대로 된 수십 가지 찬이 올라온다는 전주의 상차림이 궁금했다. 상궁과 나인들에 의해 궁 밖으로 나온 화려한 궁궐음식이 사대부가에 전해져서 전통이 되었다고 한다.

전라도 음식으로 꽤나 이름 난 식당을 찾았다. 입구에서 QR코드를 찍으라고 했다. 나 혼자만 전화기를 가지고 있었고, 다른 친구들은 내 차에 옮겨 타면서 두고 왔단다. 난감하지만, 국가의 정책이니 어쩔 수 없다면서 식당 사장은 문전박대를 했다. 불경기에 한 사람이라도 손님을 더 받아야 되지만, 자신들도 속상하단다.

좀 작은 식당을 찾아갔다. 그곳에서도 마찬가지였다. 손님은커녕 개미새끼도 보이지 않는데 증명서가 없는 손님을 받으면 벌금을 낸다고 했다. 우리는 쫄쫄 굶다가 시내를 벗어난 허름한 식당에서 대충 요기를 했다. 그때, 전화기 지참이 필수라고 집에 올 때까지 떠들었는데 그새 잊어버렸다.

맷돌에 맷손이 없으면 아무 쓸모가 없다. 요즘은 자주 어처구니없는 맷돌이 된다. 맷돌의 맷손만큼 중요한 것이 전화기다. 어디를 가더라도 전화기 없이는 못 사는 세상이다. 건물 바깥에 나처럼 밀려나온 맷돌이 더러 있었다. 머리를 통통 쥐어박으면서 불평불만을 밖으로 내뱉지만 누구를 향한 소리인가?

투덜거리는 소리를 듣고 있던 직원이 백신을 맞은 병원에 가서 확인서를 받아 가방에 넣어 다니라고 일러주었다. 말은 고맙지만 가방도 바꿔 나올 수 있다고 했더니 어처구니없는 사람끼리 '쿡쿡' 거리면서 웃었다. 송년음악회에 참석하는 사람들이 부러웠다. "접종을 완료했습니다!" AI의 경쾌한 목소리다. 동병상련의 맷돌끼리 무언의 메시지를 교환한다. "정신 차리자."

주민등록증을 몸에 바코드화 하면 어떨까? 인간의 몸에도 전자 칩을 심는다는 공상과학 영화가 떠오른다. 머지않아 그런 시간도 오리라.

목욕은 트임이다

　미국에 사는 아들 부부가 결혼 후 이태 만에 내가 사는 집에 왔다. 며느리는 싱가포르 사람이다.
　'며느리와 목욕 같이 하기'는 나의 버킷 리스트 중 한 가지이기도 하다. 이방인 며느리에게 농담 삼아 넌 우리 가족이 되었으니 같이 가면 좋겠다고 했다. 설마 했는데 몸을 옴츠리면서도 싫은 내색을 하지 않고 순순히 따라나서는 것이 기특했다. 시어머니와 며느리가 사우나를 같이 다니는 사람이 몇이나 될까.
　예의를 앞세우는 사람들이 들으면 기함을 하겠지만, 목욕은 나에게 있어서 트임이다. 평범한 가정주부인지라 손자병법이나 처세술도 아니다. 함께 목욕 가는 것을 친교의 수단으로 쓰고 있다. 내가 호의를 가진 사람이라면 고급 호텔 사우나 티켓을 건네든지 아니면 같이 가자고 한다. 자연스럽게 거리낌 없는 자세로 응하면 일단 그 사람은 나에게 마음을 연다는 뜻이다. 마음을 나누는 것이 거래 같기도 하지만, 껍데기 하나 걸치지 않은 원시 상태로 마주하면 서로 내밀한 속내를 나눌 수 있기 때문이다.

서로 말을 잘 못 알아들으니 스킨십으로 며느리와 정을 내보이고 싶었다. 또 며느리의 성격이나 성향도 궁금했고, 아들 녀석이 연상의 여인을 아내로 맞은 속사정도 은근히 알고 싶었다. 목욕 바구니까지 챙겨 든 며느리가 내 팔짱을 꼭 끼고 걸었다. 낯가림 없이 우리 문화에 빨리 적응하는 며느리를 보니 오히려 내가 얼떨떨했다.

은근히 기대하고 있었는데 며느리가 내 등을 밀어주겠다고 했다. 집에서 샤워만 하기 때문에 때가 많을 것 같아 좀 미안한 마음이 들었는데 의외였다. 때밀이 수건을 손에다 단단히 끼고 빡빡 당차게 내 등을 밀었다. 등을 밀던 며느리가 킥킥거리면서 "어머니! 짜장면"이라고 소리쳐서 참고 있던 웃음이 폭발했다. 때는 피부 껍질이 몸의 기름기와 섞여 벗겨진다고 하더니 살갗이 가무잡잡한 내 몸에서 까만 때가 나왔다.

며느리가 사랑스럽다. 내가 가진 것 다 주어도 아깝지 않으리라. 나신의 원초적 모습으로 돌아가 서로를 다 알아버림이리라. 생각이 같지 않아 마음에 들지 않더라도 문화가 다르고 자라온 환경이 다르니 이해하기 나름이리라. 살뜰한 정으로 다독다독

목욕은 트임이다 197

안고 가리라. '같이 목욕하기', 그것은 무언의 메시지이며, 몸으로 말하는 트임이었다.

　세계가 하나 되어 살아가는 다원화 시대이다. 목욕을 같이 하고 등을 밀어주면서 다양성을 인정하고 존중한다면 삶에 있어서 그다지 부딪히는 일은 없을 것 같다. 지금은 눈짓 손짓으로 소통을 하지만 몇 달만 나하고 살면 우리말을 잘할 것 같은 예감이 드는데, 아들과 며느리가 며칠 후면 미국으로 떠난다고 한다. 아이들은 또 다른 문화에서 자신의 삶을 살기 위해 고군분투할 것이다.

다 잘될 거야, 힘내!

 눈길을 끄는 그래픽스가 대로변에 설치되어 있다. "다 잘될 거야, 힘내!" 등을 토닥이는 따뜻한 문구다. 캄캄한 밤과 푸른 불빛의 조화는 마치 망망대해의 등대 같다.
 며칠 전 거리에서 보았던 광경이 불빛 속에 어른거린다. 청년들이 추적거리는 비를 맞으며 광고판을 들고 버스 정류장 앞에 서 있었다. 자세히 읽어보니 무슨 종교 단체를 알리는 것이었다. 그들은 신의 영광을 찬미하는 평화로운 모습이 아니었다.
 무슨 생각을 하는지, 왜 비를 맞고 서 있는지 궁금해서 발걸음이 떨어지지 않았다. "구원이 다가왔다"는 광고판에 젊음을 맡기고 서 있는 청년들이 신앙이 있어서 자신을 던진 것은 아닐 것이다. 그들은 남의 자식이 아니라 내 자식이며, 우리의 미래다. 공

들여 키운 자식이 거리에 서 있다면 어느 부모가 마음 편하랴.

　취업의 문턱이 높은 것은 말할 여지가 없다. 하다못해 분식점 아르바이트도 이력서를 내고 기다려야 한단다. 개천에 용이 날 수 있었던 시절에는 신문이나 우유배달을 하면서 공부를 하기도 했다. 그러나 지금은 금밭에서만 금이 나오는 세상이다. 삶의 치열함을 몸으로 부대끼면서 겪어내는 청춘들에게 그래픽스 문구가 희망의 메시지가 되었으면 좋겠다. "다 잘될 거야, 힘내!"

　내 아들은 요리사다. 호텔경영학을 공부하던 아들이 요리를 직업으로 선택할 때 충격이었다. 남자가 칼을 잡고 요리를 한다니 세상이 뒤집어지는 줄 알았다. 아들의 대답은, 전부 펜만 잡고 있으면 세상의 바퀴가 제대로 구르지 않는다고 했다. 세상의 바퀴를 왜 내 아들이 걱정해야 할까. 공부하기 싫어서 하는 변명이라고 나무랐다. 꼴찌가 있어야 일등이 빛을 낸다니 납득하지 못할 이론이었다.

　체면이 구겨지고 자존심이 낭떠러지로 곤두박질했다. 직업에 귀천 없다는 말을 곱씹어 보았지만, 마음은 늘 가시방석이고 불편했다. 의사나 교수, 대기업에 다닌다는 남의 자식이 부러웠다. 그런데 나의 편협한 생각이 아들로 인해 바뀌었다. 아들이 적성에 맞는 직업을 택해서 행복하다고 하니 할 말이 없다. 꼴찌가 일등인 세상이 되었다. 아들은 요리가 예술이 된 시대에 선두주자로 달리고 있다. 조리복에 앞치마를 두르고 캡을 쓴 모습이 자랑스럽다. 정년퇴직은 걱정 없다면서 너스레를 떠는 아들이 든든하다. 힘들고 고된 직업에서 성취하는 기쁨도 있다는 것을 아들에게서 배운다.

우리나라는 심각한 인력난에 직면해 있다. 일자리가 부족하여 실업이 증가하는데도 어렵고, 더럽고, 위험한 3D 산업 기피 현상 때문이다. 이주노동자가 급격히 증가하는 이유도 인력난이 빚어낸 결과다. 이대로 가다가는 미국이나 프랑스처럼 자국민들의 실업이 심각한 문제가 될 것이다.

"다 잘될 거야, 힘내!" 오늘따라 불빛이 환하고 더 밝다. 절망의 구렁에 빠진 사람들에게 희망의 메시지를 보내는 푸른 밤이다.

회관

 노인의 손이 위로 아래로 흔들렸다. 히치하이크다. 차를 세우지 않으면 큰일이 생길 것 같은 예감이 들었다. 마을회관까지 태워달라고 했다. 아들이 매일 태워다 주는데 좀 늦는다고 전화가 왔다는 것이었다. 마음이 수선스러웠다.
 몇 해 전에 좋은 마음으로 노인을 태워 드렸다가 복잡하게 얽힌 일이 있었다. 내 차를 얻어 탄 노인이 내리면서 넘어졌다. 가만 있어도 여기저기 아픈 노인들이다. 허리가 아프고, 무릎이 아프다는데 기가 막힐 노릇이었다. 그냥 갈 수 없어서 병원에 데려 갔더니 가족이 없다고 했다. 다행히 큰 부상은 없었지만, 집에까지 모셔다 드리면서 하루가 엉망이 되었다. 마음에 없는 염불은 절대로 하지 않아야 한다. 그 이후로 시골길에서 노인을 만나면 태워주지 않는 것이 나의 철칙이다.

  노인의 거동을 보니 여간 신경이 쓰이는 게 아니었다. 저 몸으로 마을회관까지 가기에는 여간 힘든 일이 아닐 것이다. 하는 수 없이 어린 아기 다루듯 조심조심 차에 태웠다. 고맙다는 말을 세어보지는 않았지만 예닐곱 번이나 했다. 노인은 예상 외로 말이 많았다. 내 나이가 '팔십 아홉'이라면서부터 시작했다. 마을회관에 점심밥을 지으러 간다고 했다. 할배들은 다 죽었고, 할매들이 일곱 있는데 전부 구십이 넘었으며 자신이 막내란다. 집에서 기른 채소를 가져 오는 이도 있고, 자식들이 만들어준 밑반찬으로 점심을 먹고 놀다가 해 지기 전에 각자 집으로 돌아간다는 말이 청산유수다.

  열댓 명 되던 노인들이 하나 둘 가고 일곱이 남았다면서 이 좋은 세상 살기 좋은데 가는 세월이 무정하다고 했다. 당신도 집에 가면 손자며느리까지 있어서 상차림을 받고 상어른 대접을 받지만, 회관에서는 제일 젊기 때문에 밥하는 일이 즐겁다고 했다. 노인은 젊다는 말에 힘을 주었다. 아직 내가 쓰일 곳이 있다는 생각을 하면 어디서 힘이 나는지 벌떡 일어난다고 했다. 세월이 지겨운 것이 아니라 '오늘은 뭘 해 먹을꼬.' 생각을 하다보면 머리도 잘 돌아가고 시간도 금방 지나간단다. 사는 것이 잔치라고 하는 노인의 얼굴이 활짝 핀 박꽃 같다. 회관에 도착했는데 내릴 생각을 하지 않았다. 주섬주섬 가방을 뒤적이더니 백 원짜리 동전 주머니를 내게 보여주었다. 고스톱 밑천이란다.

 자동차 문을 열고 노인을 부축해서 회관으로 모셔다 드렸다. 나의 청사진이다. 방안에는 누웠거나 앉아서 기다리는 언니 노인들이 왜 이렇게 늦었느냐며 걱정 타령이다. 매일 보던 사람이 안보이니 무슨 변고가 생긴 줄 알았다며 시끌시끌했다. 점심을 해 잡수시고 한판 벌일 모양이다. 국방색 군용담요에 울긋불긋 동양화가 요염하게 드러누웠다. 희끄무레한 것보다 알록달록한 풍경이 익숙하고 정겨운걸 보니 나도 회관에 입성할 날이 머지 않았나 보다.

 동전 주머니를 흔들어 보이면서, 요 재미도 보통은 넘는다고 하는 노인의 말이 우리 이모하고 똑 같다. 자식이 없는 이모는 나를 딸이라고 사람들에게 말한다. 나에게 자주 전화를 하는데 다름 아닌 동전을 모아달라고 한다. 이모는 경로당 간다는 소리를 듣기 싫어한다. 경로당에 고스톱 하러 가느냐고 물어보면 회관에 여가 즐기러 간다고 답한다.

 회관이라는 말을 강조하는 이모 때문에 웃을 때가 많다. 예전에 회관으로 춤을 추러 다니던 생각이 나서 '동경회관'이라고 내가 농을 친다. 이모에게는 하이힐을 신고 부루스, 지루박으로 날리던 시절이 있었다. 그때 그 시절이 생각나서 그러냐고 물어보면 세상 사는 것 별것 없다면서 팔십 노인이 휘파람까지 불었다. 오동추야 노래를 부르며 밥주걱을 두드리는 이모의 마음은 이팔

청춘이다. 서로 돌아가면서 밥을 하지만, 손맛이 좋은 이모는 매일 뽑힌다고 자랑이다. 이모는 유쾌, 경쾌, 명쾌하게 산다. 엄지를 들고 추켜세우면 팔십 넘은 몸이 풍선처럼 덩싯거린다.

  오늘 만난 노인도 경로당에 간다는 말을 하지 않았다. 마을회관까지 태워 달라고 했다. 회관에 간다는 말이 자존심을 세우고 자존감을 지키는 모양이다. 노인이 아니라고 부정하고 싶은 마음은 나이 먹는 것과 다가올 죽음이 두려워 거부하는 것인지 모르겠다. 내가 제일 어리며 막내라고 하던 노인의 말이 종일 귀에 맴돌았다.

랜선시대

해외여행에 푹 빠졌다. 팬데믹이 진행 중인데 무슨 해외여행이냐고 묻겠지만, 랜선 투어를 하고 있다. 랜선 투어는 목적지 선택을 고민할 필요가 없다. 검지 하나로 성지순례뿐만 아니라 세계 각국 아름다운 곳을 샅샅이 여행한다.

랜선 투어는 현지에 있는 여행 안내자가 유명 관광지를 촬영해 유튜브에 올린다. 덕분에 구독자들은 실제 여행을 하는 것 같은 즐거움을 누릴 수 있다. 여행이 불가능해지고 유튜브를 구독하는 사람들이 많기 때문인지 랜선 투어가 대세라고 한다. 화면에는 유명 관광지가 텅 비어 있다. 비어 있어서 채워지는 풍경, 자연 그대로의 모습이 눈에 들어온다. 실제 여행은 사람들이 많이 붐벼서 일행을 놓칠까 봐 항상 긴장했었다. 그러나 지금은 느긋하다. 비행기나 자동차를 타지 않고 소파에 앉아 맥주를 마시면서 즐긴다.

요즘 사회흐름이다. 온라인을 통해 학생들은 수업을 듣는다. 랜선 집들이, 랜선 돌잔치라는 말까지 있다고 한다. 명절에 가족들도 모이지 말라고 했다. 영상을 통해 차례 지내는 모습을 자식들에게 보여주고 서로 덕담하면서 새해 인사를 했다. 이것이 사람 사는 세상인가? 투덜거렸지만 어찌할거나. 과학 문명으로 살기 좋은 세상은 되었지만, 후세에 아이들의 인성이 어떻게 변할까 하는 노파심이 깊은 한숨으로 뿜어져 나왔다. 아마도 제사 상차림도 실물이 아니라 각종 그림과 사진으로 빛 좋은 개살구처럼 화려하게 올리고 차례를 지낼 것 같다.

어찌 되었든 지금은 상황이 그러하니 랜선 투어에 나는 몸을 싣는다. 팬데믹 이전에는 단체 관광객들이 많아 제대로 설명을 듣지 못해 아쉬운 점이 많았다. 몇 해 전, 내가 아는 선배가 희수喜壽 기념으로 여고 동창생들과 미국 애리조나 국립공원 그랜드 캐니언을 갔었다. 인사를 하면서 물어보았다.

"기억에 제일 남는 게 뭐유?"

"가이드 궁디."

노인들이 여행을 갔었는데 아침에 눈 뜨면 가이드가 시키는 대로 졸졸 따라다녔기 때문에 무엇을 보았는지 아무 생각이 없다고 했다. 만족하지 못했다는 말이다.

지금 내가 즐기는 랜선 투어는 상세한 설명을 해주기 때문에 좋기는 하다. 실제 여행 중에는 잠시만 한눈 팔면 설명을 못 듣게 되지만, 랜선 투어는 아름다운 풍경과 관심 있는 장면은 다시 돌려서 보고 들을 수 있는 장점이 있다. 꿩 대신 닭으로 위안을 받고 있지만, 현지 여행이 그리운 것은 사실이다.

여행 안내자 중에는 역사, 문화, 음악, 미술 등 분야별로 심도 있게 설명을 해주는 전공자도 있다. 눈으로만 보는 것이 아니라 머리에 담을 수 있도록 자신들이 알고 있는 지식을 전해주려고 애쓰는 것이 고맙다. 한편으로는 눈코 뜰 사이 없이 바쁘게 살아야 할 그들이 랜선을 통해 안내하는 모습이 안타까운 생각도 든다. 생활을 위해서 유튜브를 한다는 그들의 사정을 들으니 짠하다. 해외여행 금지로 관광객의 발길이 끊겨서 거의 수입이 없다고 한다. 하루빨리 팬데믹이 끝나고 저들이 현장에서 일할 수 있는 그 날이 왔으면 좋겠다.

이번 사태를 통해 고객의 귀중함도 알게 되었을 것이고, 영상을 찍기 위해 더 많은 공부와 자료를 준비했으리라. 또 유명 여행지 외에도 새로운 관광자원을 개발할 수 있는 시간도 되었을 것이다. 틀에 박힌 안내에서 벗어나 자연과 문화에 애착을 가지면서 한 걸음 더 나아가 인류를 위해 봉사한다는 자부심도 가지지 않았을까. 저들이 절망을 희망으로, 전 세계에 자신들의 존재를 알리고 소통할 수 있기를 바라는 마음이다.

인간이 개발한 과학 문명에 인간이 무너지고 있지만, 문명에 의해서 다시 일어설 기회가 주어진 랜선 투어이다. 더러는 구독자가 많아서 대박 터진 사람도 있다고 하지만, 솔직히 현장감은 없다. 사람과 사람의 연결고리가 이어져 예전보다 더 많은 관광객이 그들이 기다리고 있는 여행지를 찾게 되었으면 좋겠다.

낚시터에서

바다낚시를 하는 중이다. 낚싯대를 펼쳐놓고 상념에 잠기는 시간을 즐긴다. 비치파라솔 밑에서 톡 쏘는 맥주 한 잔에 파도가 만드는 짭조름한 거품 안주는 특급 주안상이다. 벌써 두어 시간 지났는데 전혀 지루하지 않다.

드디어 찌가 흔들린다. 손맛을 좀 볼까. 팽팽해진 줄을 감으니 낚싯대가 활처럼 굽는다. 마른 침이 꼴깍 넘어간다. "와! 크다." 하고 소리를 지르니 옆 사람들이 목을 쭉 **빼고** 부러운 시선을 보낸다. 웬걸, 용을 쓰면서 끌어당긴 줄이 '툭' 하고 공중으로 치솟는다.

물고기가 아니라 해초다. 민망하여 쥐구멍에라도 숨고 싶다. 그동안 많이도 속으며 살았다. 황금어장인 줄 알고 다단계 사업에 손을 대서 한 순간에 다 말아먹었다. 달짝지근한 이자소득의 함정에 빠져 사기를 당하기도 했다. 늘 내게 인색한 바다에서 혹시 모를 월척을 기대하지만 돌아오는 것은 언제나 빈 망태다.

전어떼가 들어온 모양이다. 갯바위 끄트머리에 오종종 앉아있던 갈매기들의 움직임이 부산하다. 갈매기는 감인지 촉인지 고기떼가 들어오면 일제히 하늘을 돌다가 순식간에 고기를 한입 물고 나온다. 정확하게 포인트를 맞추는 것이 신기하다.

사람살이에도 이재理財에 밝아 정확한 포착으로 성공하는 사람이 더러 있다. 발달한 촉으로 배팅을 잘 해서 주식이 대박 나는 사람도 있고, 부동산 투기로 졸부가 되는 이도 있다. 나는 매사에 어정쩡 구경만 하다가 뒷북을 친다. 개미군단의 주식은 항상 내리막이고, 용을 쓰고 장만한 아파트도 막차다. 어쩌랴, 내 그릇이 요만큼인 것을. 오늘도 "잘한다, 옳지!" 갈매기를 향해 손바닥 치다 보니 전어잡이 채비를 하기도 전에 고기떼는 지나갔다.

게으른 하품을 하다가 고개를 돌리니 모래사장에 갈매기 한 마리가 뒤뚱거린다. 가만가만 다가가도 날지를 못한다. 자세히 보니 날개 하나가 낚싯줄에 칭칭 감겨있다. 얼마나 질질 끌고 다녔는지 한쪽 날개가 반쯤이나 닳아 있다. 또록또록 겁먹은 눈망울이 슬퍼 보인다. 몇 날 며칠을 저러고 다녔는지 살아있는 것이 장하다. 사람이나 짐승이나 굶주리면 날카로워진다고 한다. 부리로 쫄까 봐 겁이 나지만, 녀석은 나에게 몸을 맡긴 채 무반응이다.

나도 그랬다. 갈매기처럼 하늘을 날아다니며 거침없이 살다가 생각지도 못한 줄에 감겨 허우적거렸다. 꼬인 줄 때문에 옴짝달싹 못하고 죽음 직전까지 간 적도 있었다. 노력하지 않는 자 먹지도 말라고 했는데 거저먹으려다 받은 재앙이었다. 죽을 것 같았지만, 하늘은 나를 버리지 않았다.

내 삶의 헝클어진 실타래를 형제와 이웃이 풀어주었듯이 갈매기 날개에 감겨 있는 죽음의 올가미를 살뜰하게 벗겨냈다. 힘들 때 도움 받으며 살았던, 아득히 잊고 지낸 일이 미물을 통해 깨우치게 된다. 때를 놓치고 허둥지둥 살았는데, 고마웠던 기억이 하나씩 떠오른다. 월세 보증금을 낮추어 주던 집주인 할머니도 건강하신지 궁금하고, 다시 일어나라고 사업자금을 선뜻 건네주던 친구도 생각난다.

지금 해변에는 휴가철 피서객을 맞이하기 위해 주민들이 쓰레기를 줍고 낚싯줄을 수거 중이다. 생각 없이 버린 낚싯줄에 갈매기도, 사람들도 다친다. 나도 주변을 돌아보며 혹여 버린 낚싯바늘이 있나 살펴본다.

뜻하지 않은 사고에 놀란 갈매기가 날 수 있을까 조바심하는데 내 머리 위를 서너 바퀴 돈다. 안도의 숨 내쉬며 갈매기도 나도, 자유로워 하늘로 비상한다. 흥부에게 박씨를 물어다 준 제비처럼 갈매기가 고기떼를 몰고 오려나. 한 잔 맥주 맛이 그저 그만이다.

둘 다 옳다

커피를 마시며 토론 중이다. 영화 '관능의 법칙'을 보면서 대사 한 문장에 머리가 꽂혔다. 결혼은 생활의 방식이지 사랑의 방식은 아니라고 했다. 생활하기 위해서 결혼하는 것과 사랑하는 것의 차이는 무엇일까?

"너는 어떻게 생각해?"

"수목장." 친구는 한마디 내뱉고 커다란 눈에 눈물이 글썽거린다. 내가 묻는 말은 그게 아닌데 난데없는 대답에 눈이 휘둥그레졌다. 사랑 없는 생활의 방식이라도 좋으니 남자와 한번 살아보고 싶단다. 죽어서나마 한 나무를 섬기며 살고 싶다는 말에 가슴이 뭉클하다. 뼛속 깊이, 세포 끝에서 골골이 스미어 나온 말이기에 그 말을 존중해주고 싶다.

그녀는 현모양처로 사는 것이 꿈이라는 소박하고 마음씨 고운 여자다. 그런데 결혼하고 반년 만에 마침표를 찍더니 지금까지 혼자 산다. 새로운 인연을 만나 좋은 결과를 기대하지만, 막바지에 가서는 썩은 새끼처럼 툭하고 끊어진다. 그 원인은 남자에게 집착하고 매달리는 그녀의 성격 때문이다. 남자는 한순간 스쳐 지나가는 관능의 법칙을 우선으로 했던 모양이다. 만나는 사람마다 결혼이라는 말이 나오면 소리 없이 사라졌다. 눈물을 닦아 주며 나무와 일부종사하고 싶다는 친구의 말을 들어주기로 했다.
　커피를 한 모금 마시던 다른 친구가 고개를 들고 한마디 한다. 한 남자를 섬기며 살고 싶다는 그녀를 향해 소금을 탁 뿌린다. 지긋지긋한 결혼생활이 몸서리난다고 치를 떤다. 남자와 여자가 만나서 일생을 함께 한다는 것은 죄악이 아니겠느냐고 동의를 구한다. 적당히 한 이십 년 살고 나서, 새로운 파트너를 만나 사랑이 무엇인지, 무엇이 행복인지 인생을 새롭게 살아야 한다며 열을 올린다. 농담으로 웃어넘기기에는 결코 가벼운 주제가 아니다. 현대인의 희망 사항이라는 말에 긍정도, 부정도 못하고 나는 고개만 갸웃한다.
　세상은 요지경이다. 결혼에 있어서 생활과 사랑이 별개의 문제라는 사회기류를 어떻게 받아들여야 할지 혼란스럽다. 사회제도가 문제인지 오늘날 문화 현상이 그렇게 몰아가는지 의문스럽기도 하다. 애인이 없으면 장애등급을 받을 수 있다는 웃기는 말도 있다. 가정이라는 울타리를 넘어 관능을 쫓아 인생을 거는 것을 사랑이라 할 수 있을까.

생활의 방식을 택한 내가 아는 젊은 지인이 있다. 몇 년을 교제하면서 서로 일이 바빠 만나는 횟수가 줄어들었다. 남에게 주기는 아깝고 결혼은 부담스러웠다고 한다. 그들은 어느 날 우리 결혼이나 할까? 의기투합해서 후딱 해치운 결혼이었다. 경제적인 지출에서도 협동하니 부담이 적고, 가사는 분담해서 불편 없이 산다고 했다.

결혼이 사랑의 방식은 아니라는 것에 찬성한다는 이들을 어찌하면 좋을까. 그들은 사랑이라는 말은 함부로 쓰는 말이 아니라고 일축한다. 진정으로 사랑해서 한 결혼이 아니라 부부가 되었으니 의무감으로 산다고 한다. 젊은 부부는 직업상 자주 출장을 다니기 때문에 사생활은 간섭하지 않기로 합의하였다니 마음이 조마조마하다. 하기야 그대 없이 못산다고 맹세한 결혼이라도 살다보면 희미해지는 것이 사랑이다. 비록 생활의 방식으로 결혼을 택했지만 살아가면서 서로 인격을 존중하다보면 사랑으로 승화되는 삶을 살지 않을까 생각이 든다.

영화는 어떤 방식이 정답이라고 하지 않았다. 옳고 그름의 판단은 각자의 몫이다. 도덕 선생도 아닌 내가 사회윤리와 규범을 정의하면서 운운하는 것도 남들이 보면 웃을지 모르겠다. 생활의 방식일지라도 일부종사하면서 살고 싶다는 친구의 생각도 맞는 말이고, 마음을 움직일 수 있는 사람이 나타난다면 사랑의 방식을 택해서 황혼 이혼도 불사하겠다는 친구의 말에도 일리가 있다. 커피 맛이 오늘따라 쓰다. 둘 다 옳다.

몽夢

 꿈속이나마 반가웠소. 다시 마주한 귀하와 나, 뛰는 심장을 누르며 바라보기만 하던 귀하, 눈빛만으로도 서로의 마음을 그리 많이 읽어낼 수 있는지 이제야 알았소. 아직 다 꺼버리지 못한 심연 깊은 곳에 발갛게 남은 작은 불꽃, 언제고 삶이 힘에 겨워 따스함이 그리울 때, 내 마음이 어두움에 서성이면 꺼내 보려 작은 불씨를 남겨 두었음을 알게 되었소.

 오래전 활활 타오르던 그 불꽃, 작은 불씨로 삼키고 눌리느라 노력 많이 했소. 어지간히 내 심장 한쪽 구석은 타지 않았겠소? 그리해서인지 귀하를 만나면 목이 마르오. 타오르던 그 불 꺼야 했으니 얼마나 많은 물이 필요한지 말이오. 사랑이 있었기에 가능했던 일이오. 그 열정 뒤에 자리한 위대한 사랑이라는 이름말이오. 사랑하는 마음은 서로의 육체를 탐하는 것만이 아니라는 것을 처음부터 알고 있는 두 사람이기에 가능하지 않았나 싶소.

성큼성큼 어느 사내가 앞만 보며 걸어갔었소. 백만 번 넘게 꿈에서 사랑을 나누던 그 사내더이다. 내 심장에 박혀있는 그 뒷모습, 그 걸음걸이 그대이니, 가슴 벅찬 순간, 당신의 이름을 부르려 내 심장이 여분의 열정을 생성하려던 순간이었소. 그런데도 불구하고 의식화된 절제력이 불러 세우고 싶다는 강렬한 열망을 이기더이다.

자리를 지켜야 한다는 긴 세월 수련해온 다짐들이 스며들어 내 열망의 세계를 지배했던 듯하오. 그리하여 귀하를 멀리서 바라만 보고 있었소. 그토록 그리던 귀하가 내 눈앞에 따스한 햇볕을 즐기며 서 있었다오. 바라보기만 해도 흐뭇하더이다. 어쩌다 나를 발견한 귀하의 모습 참 가관이었소. 귀하의 눈빛은 수컷이 점 찍어놓은 암컷을 바라보던 그런 모습과 흡사했다오. 인간의 본심은 뇌를 거쳐 만들어져 나오는 말보다, 표정과 행동에서 더 강렬히 보인다고 많은 사람이 그러더이다. 어찌 그리 얼굴에 다 드러나오, 참 나 원.

꿈에서 그대와 나는 아주 사랑하는 사이더이다. 그대 역시 꿈을 꾸었다고 말했소. 만나지 못할 숱한 날들, 서로에 대한 꿈을 꾸며 살아갑시다. 내 바람이오. 귀하 역시 같은 바람인지 믿어도 되나이까. 따스한 사월 어느 봄, 귀하를 처음 만난 그날을 떠올려 본다오. 자상하며 세심하던, 오랜 시간 알고 지낸 벗인 듯 어색하지 않았소. 그날 이후 귀하는 내 마음 속 연인이 되었다오.

꿈에서나마 만나지 않았더라면 이런 벅찬 느낌을 가져볼 수 있었을까 하는 생각을 해봅니다. 귀하의 외적 존재는 부재이지만, 가슴 깊은 곳에 늘 존재하며 나를 어루만지며 달래주고 있소. 삶이 힘에 부치면 그대와 함께한 날을 떠올리며 살아간다오. 우리는 조잘거리며 많은 말을 했었소. 처음 만나 서로를 알아가던 날과는 다른 형태의 대화였으니, 나름 성숙해진 우리의 대화 내용이 깨달음을 주더이다. 서로에 대한 욕망과 열정을 많이 비워냈음이 한몫을 하지 않았나 싶소.

이제 와 돌아보니 사십여 년 전 처음 만난 그곳, 만개한 벚꽃길은 축복이었소. 바람에 한 잎씩 날리는 꽃잎을 보며 연두색 시폰 원피스를 입은 내가 나비처럼 춤을 추지 않았겠소. 기억하실는지요. 아름답다고 하셨지요. 그리도 소통이 잘 되던 귀하를 만나게 된 것만도 좋았을 터인데 당신의 수려한 외모에, 내가 홀딱 끌려버렸던 것이요. 귀하와 함께한 산책과 커피 한 잔, 환상이었소. 머리에 된서리가 수북이 쌓였는데 아직 그대를 잊지 못하고 있으니 어찌하면 좋겠소. 귀하, 여자는 추억을 먹고 산다는 말이 정말인가 보오.

그때가 언제가 될지 모르지만, 귀하와 마주할 날을 기다립니다. 그날이 오면 그대와의 소통으로 에너지가 충전될 것이오. 하여 귀하를 이쯤에서 보내려 하오. 이제는 준비가 되었소. 귀하로 도배된 나의 마음을 내려놓을까 하오. 이제 그 깊은 곳에서 귀하를 꺼내는 작업을 하고 있으니 이해해 주기를 바라오. 어차피 이승의 인연, 끝나지 않았겠소. 이승에서 다시 맺을 수 없는 인연이니 다시 만난 그때 서로 마음을 확인합시다. 우리 이렇게 멀리서 지내야 하는 것이오. 연락도 말고 우연히도 마주치지 맙시다. 슬프지만 그렇게 할 것이오.

혹여나 하는 갈등도 많았소. 그러면서도 꿈에서 만난 그대로 인해 내 마음은 웃음이 지어지고 설레며 기뻤나이다. 반가워서 어쩔 줄 몰라 나를 귀하 곁으로 데려오려 서성이던 그 눈빛 사랑하오. 내 마음 속 깊은 곳이 귀하의 자리라오. 그러니 여기서만 지내시길 바라오. 그대와 나는 애틋한 벗으로 남읍시다그려. 늘 이렇게. 오늘도 귀하의 영혼을 위해 기도드린다오. 평안히 계시기를 바라오. 나 역시 그리 할 터이니.

오늘은 귀하가 탄생한 아주 기쁜 날이오. 함께 보내며 그대를 사랑하노라 안아주고 싶으나 길이 하도 멀어 글로 대신하오. 세상 그리 많은 사람 가운데 나를 곱다하며 아껴주어 고맙소. 마당 한 쪽에 상사화가 흐드러지게 피어 있소. 모가지 부러진 꽃송이가 바닥에 즐비하니 시린 가슴 어찌하면 좋으리까. 해마다 봄이 오면 열정의 몸살, 기다리다 지쳐 떨어진 꽃이 되었나보오.

꿈속에서 만나기를 바랄 수밖에 없는 우리들이지만, 귀하의 진심이 느껴져 기쁘더이다. 그대 깊은 곳에 머무르는 나의 자리를 보았기에 이 메시지가 당신의 영혼에 스며들기를 바라오.

돌아올 수 없는 강 건너, 그 곳이 그리도 좋소? 투정을 부려 미안하오.

- 사월 열사흘 그대가 세상에 온 날

김아가다 수필집

요즘은 세상 모든 것이 아름답게 느껴집니다.
소중한 것 아닌 것이 없고 귀하고 값진 것이 많습니다.
사물뿐만 아니라 사람은 더더욱 아름답습니다.

우리시대의 수필 작가선 094
분이

김아가다 2023

인쇄일 | 2023년 03월 10일
발행일 | 2023년 03월 15일

지은이 | 김아가다
엮은이 | 이유희
편집인 | 이숙희
발행처 | 수필세계사
인쇄처 | 포지션

출판등록 | 2011. 2. 16 (제2011-000007호)
주소 | 41958 대구광역시 중구 명륜로 23길 2
연락처 | Tel (053) 746-4321 / Fax (053) 793-8182
E-mail | essaynara@hanmail.net

값 12,000원
ISBN 979-11-85448-94-7

* 이 책의 판권은 지은이와 수필세계사에 있습니다.
  양측의 서면 동의가 없는 무단 전재 및 복제를 금합니다.